Hotelführer
für Zwei- und Vierbeiner

Tierfreundliche Unterkünfte in Deutschland
Deutschland und anderen europäischen
Ländern (A, CH, CZ, I, E, F, H, PL)

Edition Janka

Impressum

Ein herzliches Dankeschön an alle im Buch erwähnten Tourismusinformationsstellen, Kurverwaltungen und Messeveranstalter für ihre Kooperation und die uns zur Verfügung gestellten Informationen. Ebenso gilt unser Dank all unseren Partnern in den verschiedenen Unterkünften sowie Freunden und Bekannten, die uns mit Informationen versorgten und uns Fotos zur Verfügung stellten.

Nicht zu vergessen, **Janka**, unser Riesenschnauzer, ohne die wir dieses Buch nicht begonnen hätten.

Alle Informationen in diesem Hotelführer wurden sorgfältig recherchiert und geprüft, erfolgen aber ohne Gewähr. Der Verlag kann für Angaben zu Tatsachen, Adressen, Preisen und allgemeiner Art keine Haftung übernehmen. Hinweise und Anregungen sind jederzeit willkommen.

Text/Konzeption/Red.: Kerstin Schindel-Arnhold
Bahnhofstr. 55, 63755 Alzenau
Tel. +49 (0) 6023 - 999458
info@tierfreundliche-hotels.de
www.tierfreundliche-hotels.de

Layout/Grafik: Corinna Reining
Druck: pva, Druck und Medien-Dienstleistungen GmbH, Landau/Pfalz

6. Auflage 2009
©2009 Edition Janka, Alzenau
Alle Rechte vorbehalten.
Printed in Germany.
ISBN 3-9805401-8-9

Inhalt

Allgemeine Tipps zum Reisen mit Tieren	4
Benutzungshinweise und Abkürzungen	6
TIERFREUNDLICHE UNTERKÜNFTE -sortiert nach Ländern und PLZ-	8
DEUTSCHLAND	8
Ortsverzeichnis Deutschland	12
Hundestrände Nordsee	58
Hundestrände Ostsee	70
ÖSTERREICH	93
SCHWEIZ	103
FRANKREICH	111
SPANIEN	113
ITALIEN	117
Region Südtirol	118
Andere Regionen (Toskana u.a.)	124
TSCHECHIEN	135
UNGARN	139
POLEN	143
Tier-Messekalender 2010/2011 (D, A, CH, E, PL)	149
Kleiner Tierwortschatz (engl., italien.)	160
Verzeichnis der Hundestrände an Nord-/Ostsee	162
Bildnachweis	163
Register	164

Tipps zum Reisen mit Tieren

Informieren Sie sich rechtzeitig über die **Einreisebestimmungen** in den verschiedenen Ländern (auch Transitländer). Für die Einreise mit Hund, Katze oder Frettchen in EU-Mitgliedsstaaten gelten einheitliche Regelungen, darüber hinaus jedoch auch lokale Sonderregelungen. Die Fremdenverkehrseinrichtungen der Länder geben darüber Auskunft (siehe www.fremdenverkehrsamt.de). Wir haben jeweils eine pro Land im jeweiligen Landesteil aufgeführt.

Erforderlich ist die Kennzeichnung des Tieres mit einem **Mikrochip** oder gut lesbarer Tätowierung (Achtung: Tätowierung wird nur noch bis 3.7.2011 anerkannt!) und der **EU-Heimtierausweis** mit dem Eintrag der gültigen Tollwutimpfung. Die Impfung sollte vor mindestens 30 Tagen erfolgt sein oder höchstens 12 Monate alt.

Änderungen und Bestimmungen für die Einreise mit anderen Tieren erfahren Sie bei der zuständigen Botschaft oder Ihrem Amtstierarzt. Empfehlenswert ist die Website www.amtstieraerzte.de.

Was gehört ins Reisegepäck?

- Impfpass, Gesundheitsheitszeugnis, Haftplichtversicherungsnummer
- Leine, Halsband mit Adressenschild und Handy-Nr., Maulkorb (falls erforderlich), Wasser-/Futternapf, Futter, Tierspielzeug, Toilettenbeutel, Korb und Decke, Zeckenzange, Bürste, Augen- und Ohrentropfen, Mittel gegen Durchfall

In allen Ländern ist es Pflicht, Tiere gesichert zu transportieren. In manchen Ländern wird Nichtbeachtung mit Bußgeld belegt. Hunde sind am besten hinter einem stabilen Trenngitter im Wagen aufgehoben. Katzen und Kleintiere sollten nur in einer Transportbox mitgenommen werden. Reisen Sie möglichst im klimatisierten Auto und parken Sie den Wagen nie in der prallen Sonne. Lassen Sie bei Pausen die Tiere nie im geschlossenen Auto zurück. Auch ein teilweise geöffnetes Fenster bietet keine ausreichende Luftzirkulation. Über die Bedingungen für Tiere auf Flugreisen informieren Sie sich bitte bei der entsprechenden Fluggesellschaft.

Haustier erlaubt oder willkommen?

Wer mit seinem Tier auf Reisen geht, sollte den Urlaubsort nicht zuletzt danach auswählen, ob er auch für das Tier geeignet ist. "Haustier erlaubt" und "Haustier willkommen" kann einen großen Unterschied bedeuten. Oft ist man nur geduldet, um Buchungslücken zu füllen. Wir hoffen, wir haben auf den folgenden Seiten für Sie ein Reihe von Objekten

Tipps zum Reisen mit Tieren

zusammengetragen, die Ihnen und Ihrem Tier einen freundlichen und entspannten Aufenthalt bieten. Bitte melden Sie Ihr Tier bei der Buchung an und besprechen Sie auftretende Fragen bereits im Vorfeld. Einige Hotels und auch Eigentümer von Ferienwohnungen - und häusern haben kleine Verhaltensregeln aufgestellt - die sogenannten Hundeknigge. Touristeninformationsstellen geben zum Teil Faltblätter heraus, um allen Gästen ein harmonisches Zusammensein zu ermöglichen.

Wir haben alle Objekte zu Ihrem **Tierservice** befragt. Wobei dies nicht heißen soll, je mehr Tierservice desto tierfreundlicher das Objekt. Es kommt darauf an, was gesucht wird. Ein entspannter Aufenthalt mit dem Tier, vielleicht in Wald-, Wiesen- oder Wassernähe, wird es für die meisten sein. Wer mehr sucht, kann es bekommen und findet es u.a. im Register und / oder im Verzeichnis der Hundestrände an Nord- und Ostsee am Ende des Buches relativ schnell.

Was heißt Tierservice?

- Art der willkommenen Tiere, deren maximale Anzahl und Preis pro Tag
- Bereitstellung von Tierfuttervorrat, Willkommensleckerli, Hundemenüs, Körbchen, Decke, Näpfe, Hundetoilettenbeutel, Kratzbaum oder Katzentoilette
- Tiersitterservice, Gassidienst, Agility, Reitschule, Hundeschule, Tierwellness und -physiotherapie, Hundewanderungen u.ä.
- Aufenthalt im Frühstücksraum oder Restaurant, Leinenpflicht im Hotel
- Grünflächen am Haus, Zaun und Zaunhöhe, Hundestrände, Golfen mit Hund, Hundeloipen in der Nähe, Entfernung zum nächsten Tierarzt, nächste Einkaufsmöglichkeit für Tierfutter

Die meisten Hotels erwarten, dass Hunde innerhalb des Hauses angeleint sind. Auch Katzen sollten nicht unbeaufsichtigt herum wandern. In Nass - (Schwimmbad, Sauna, Wellnessbereich etc.) und in Küchenbereichen haben Tiere generell keinen Zutritt. Dies trifft in Deutschland auch für Buffets in Restaurants und Frühstücksräumen zu.

Wir hoffen, es ist in diesem Buch für Sie etwas dabei. Lächeln Sie über Fotos oder denken Sie über Aphorismen nach. Rückmeldungen, Hinweise, Reiseberichte, Vorschläge nehmen wir erfreut entgegen und wünschen Ihnen

einen tier-und menschenfreundlichen Aufenthalt !

Die Anzeigen

Art der Unterkunft und Länderfarben

Klassifizierungen Hotel / Fewo

Akürzungen und Piktogramme

Zeichen für willkommene Tiere

 Pferd   Hund   Katze   Kleintiere

Kleintiere sind: Nager, Vögel etc. Das Mitbringen dieser Tiere ist nur auf Anfrage gestattet

Piktogramme

 Pauschalangebote   Entfernung zum Hundestrand   Entfernung zur Grünfläche   Entfernung zum Tierfuttereinkauf   Entfernung zum Tierarzt

Abkürzungen

Ausstattung:
DU . . . . Dusche
WC . . . . Toilette
KÜ . . . . Küche
Mikrow. Mikrowelle
Spülm. . . . . Spülmaschine
Waschm. . . . . Waschmaschine

TV . . . . Fernseher
Tel. . . . . Telefon
WLAN . . . . Wireless Local Area Network
WiFi . . . . Wireless Fidelity

gl. Böden . . . . glatte Böden
SZ . . . . Schlafzimmer
NRZ . . . . Nichtraucherzimmer
NRW . . . . Nichtraucherwohnung

Rest. . . . . Restaurant
gutbürgerl. . . . . gutbürgerlich
bayr.-böhmisch . . . . bayrisch-böhmisch
vegetar. . . . . vegetarisch

Bhf. . . . . Bahnhof
kostenl. Parkpl. . . . . . . kostenlose Parkplätze

Behind. Einr. . . . . . Behinderten-Einrichtung

Tiere:
Frühst.raum . . . . Frühstücksraum
Max. . . . . Maximal
Willk.leckerli . . . . Willkommensleckerli
a.A . . . . auf Anfrage
vorh. . . . . vorhanden

Beschreibung:
a.A. . . . . auf Anfrage
Abspr. . . . . Absprache
f. . . . . für
gemütl. . . . . gemütlich
gg. . . . . gegen
m. . . . . mit
mgl. . . . . möglich
u.a.m. . . . . und anderes mehr
z. T. . . . . zum Teil
teilw. . . . . teilw.

Preisbalken:
EZ . . . . Einzelzimmer
DZ . . . . Doppelzimmer
MB . . . . Mehrbettzimmer
App. . . . . Appartement
FeWo . . . . Ferienwohnung

FH . . . . Ferienhaus
MB . . . . Mehrbettzimmer
Zi. . . . . Zimmer
Ü . . . . Übernachtung
F . . . . Frühstück

ÜF . . . . Übernachtung mit Frühstück
HP . . . . Halbpension
VP . . . . Vollpension
Endr. . . . . Endreinigung
Pers. . . . . Person
a.A. . . . . auf Anfrage

CHF . . . . Schweizer Franken
CZK . . . . Tschechische Krone

Ortsverzeichnis Deutschland

Ortsname	Tiere	Seite
Aurich	H	34
Bad Berleburg-Girkhausen	P-H-K-KT	41
Bad Endorf	H	46
Bad Griesbach	H-KT	53
Bad Kohlgrub	H-K-KT	46
Bad Münstereifel-Wald	H-K-KT	40
Bad Sachsa	H	37
Bad Schwalbach	H-K-KT	43
Bad Wildungen	H-K-KT	36
Bansin	H	22
Berlin-Zehlendorf	H	17
Braunschweig	H-K-KT	37
Brilon-Gudenhagen	H-K-KT	42
Buchholz bei Beelitz	H-K-KT	17
Bühl/Baden	H-KT	43
Derenburg	H-K	38
Eckartsberga	H-K-KT	15
Emmelsbüll-Horsbüll	H-K-KT	31
Enkirch/Mosel	H-K	40
Eppenschlag	H-K-KT	55
Erbach	H-K-KT	42
Fehmarn Ot Presen	H-K-KT	26
Freiburg i. Br.	H-K-KT	44
Friedrichskoog-Spitze	H-K-KT	27/28
Füssen-Weißensee	H-K-KT	50
Goslar	P-H	37
Gößweinstein	H-K-KT	51
Grömitz	H-K-KT	24/25
Großefehn	P-H-KT	34

Ortsname	Tiere	Seite
Grünbach	H-K-KT	16
Gunzenhausen	H-K-KT	51
Gunzenhausen-Wand	P-H-K-KT	51
Haidmühle	H-K-KT	53
Heilbad Heiligenstadt	H-K-KT	37
Hirschegg/Kleinwalsertal	H-K-KT	49
Hormersdorf	P-H-K-KT	16
Horn-Bad Meinberg	H-KT	35
Igersheim-Reckerstal	P-H-K-KT	56
Ihrlerstein	H-K-KT	52
Immenstedt	P-H-K	30
Jandelsbrunn	H-K-KT	53
Kenzingen-Nordweil	P-H-K-KT	44
Kipfenberg	H	47
Kirchdorf im Wald	H-K-KT	54
Kirnitzschtal-Bad Schandau	H-K-KT	14
Klein Nemerow	H-K	20
Kleinzerlang/Rheinsberg	H-K-KT	19
Klixbüll	H	30
Lage-Hörste	H-K-KT	35
Leipzig/Wachau	H-K-KT	15
Lichtenau-Blankenrode	P-H	36
Lilienthal bei Bremen	H-K-KT	34
Lindern	P-H-K-KT	39
List/Sylt	H-K-KT	32
Lohberg	H-K-KT	52
Lohr	H-KT	55
Lörrach	H-K-KT	44
Luckenbach	H-K-KT	41

Ortsname	Tiere	Seite	Ortsname	Tiere	Seite
Luhme	H-K	19	Reit im Winkl	H-K-KT	47
Lüßvitz/Westrügen	H-K-KT	22	Schaftstedt-Dückerswisch	P-H-K-KT	28
Medebach	H-KT	42	Schirgiswalde	H-K	14
Meppen	H	39	Schleusingerneundorf	H-K-KT	56
Merseburg	H-K-KT	15	Schluchsee	H	45
Meura	P-H-K-KT	57	Schönberg	P-H-K-KT	54
Mittenwalde	H-K	18	Sendenhorst	P-H-K-KT	39
Mügeln	H	16	St. Peter-Ording	P-H-K-KT	29
München	H-K-KT	45			
Neugersdorf	H-K-KT	14	Timmendorfer Strand	H	24
Neuschoo	H-K-KT	32	Todtmoos	H	45
Nistertal	H-K-KT	41	Tönning	H-K-KT	30
Norden/Norddeich	H-K-KT	33	Userin OT Zwenzow	H-K-KT	21
Norderney	H	34			
			Wangerland Hooksiel	H-K-KT	32
Oberstaufen	H	48	Waren	H-K-KT	20
Oberstdorf	H-KT	49	Weißenburg	H	52
Oevenum auf Föhr	H	31	Wernigerode	H-K-KT	38
Oldendorf/Luhe	P-H-K-KT	23	Wieck a. Darß	H	22
Osann-Monzel	H-K-KT	40	Wiesenburg/Mark	H-K-KT	18
Ostseebad Baabe	H-K-KT	23	Wohlenberg	H-K-KT	27
Ostseebad Göhren	H-K-KT	23	Wohlsborn	H-K-KT	57
Ostseeheilbad Dahme	H	25	Wolfach/Schwarzwald	H-K-KT	43
Oy-Mittelberg	H-K-KT	48			
			Zechlinerhütte	H-K	19
Panker-Matzwitz	P-H-K-KT	27			
Philippsreut	H-K-KT	54			
Pruchten	P-H-K-KT	22			
Quedlinburg	H-K-KT	15			
Rechtsupweg	H-K-KT	33			
Reinhards/Rhön	H-K	36			

Willkommene Tiere:
H = Hund
K = Katze
KT = Kleintier
P = Pferd

Hotel Forsthaus ★★★

Kirnitzschtalstraße 5, *01855 Kirnitzschtal-Bad Schandau*
Markus Morlok, Tel. 035022-5840, Fax: 035022-584188
forsthaus@weka-hotels.de, www.weka-hotels.de

Ausstattung: DU, Bad, WC. Telefon, TV, Internet-Anschluss im Haus. Teilweise Zimmer mit Balkon. Nichtraucherzimmer vorhanden, Teppichboden. Restaurant: gutbürgerliche Küche, vegetarische Gerichte. Bar. Kostenlose Parkplätze.
Tiere: Hund 5 €/Tag. Katze kostenlos. Decke, Fress-/Wassernapf, Spielzeug, Hundeleckereien, kleiner Vorrat an Hundefutter. Tiere angeleint im Hausbereich. Kein Zutritt zum Frühstücksraum.
Kinder: Spielsachen, Spielmöglichkeiten im Hotel und vor dem Haus, Kinderspeisekarte
Beschreibung: Ideales, komplett renoviertes, denkmalgeschütztes Familien- und Wanderhotel im Nationalpark Sächsische Schweiz. Hausprospekt vorhanden.

3 EZ	23 DZ	2 MB	1 Suite	HP / VP
ÜF 34-59 €	ÜF 60 – 104 €	a.A.	a.A.	17 € / 26 €

Hotel Am Lärchenberg ★★★

Lärchenbergweg 2, *02681 Schirgiswalde*
Heidrun Schwach, Tel. 03592-3660, Fax: 03292-36855
Hotel-am-Laerchenberg@t-online.de, www.Hotel-am-Laerchenberg.de

Ausstattung: DU, WC. Tel., Radio, TV, WLAN. Teppichböden. NRZ. Rest.: gutbürgerl. Küche. Tagungen/Seminare möglich. Massagen/Beautyfarm im Ort, Radverleih. Kostenl. Parkplätze.
Tiere: Max. 3 Hunde/ max. 4 Katzen je 5 €/Tag. Willkommensleckerli, Decke, Näpfe vorh. Angeleint im Hausbereich erlaubt / außer im Restaurant.
Kinder: Spielplatz, Minigolf, Tennis, Schach
Beschreibung: Ruhig im Grünen und in Waldnähe gelegenes Hotel in der Oberlausitz. Ideal für Wanderer und Radfahrer. Gesundheits- und Solebad "Körse - Therme" (1,5 km).

4 EZ	18 DZ	7 App.	HP
ÜF 42 €	ÜF 64 €	68 - 112 €	13,50 €

Zur Alten Jugendherberge

Haydnstr. 11, *02727 Neugersdorf*
Kerstin Grafe, Tel. 03586 - 789480, Fax. 03586 - 789482
alte-jugendherberge@gmx.de, www.alte-jugendherberge.de

Ausstattung: DU, WC. TV. Restaurant. Kostenlose Parkplätze.

Tiere: Pro Tier 1 € / Tag. Decken, Fress-/Wassernapf, kleiner Vorrat an Hunde-/Katzenfutter vorhanden. Tiere dürfen sich frei bewegen. Angeleint im Hausbereich.

Beschreibung: Die Pension und Gaststätte "Zur Alten Jugendherberge" liegt ruhig und idyllisch auf einem ehemaligen Steinbruch. Hausprospekt vorhanden.

1 EZ	6 DZ	2 FeWo	F / HP / VP
Ü 30 €	Ü 50 €	a. A.	5 € / 10 € / 18 €

*Gib dem Menschen einen Hund
und seine Seele wird gesund.*

Hildegard von Bingen 1098-1179

Atlanta Hotel International ★★★★

Südring 21, *04416 Leipzig/Wachau (Markkleeberg)*
Tel. 0341-41460-0, Fax 0341-41460-999
info@atlanta-hotel.de, www.atlanta-hotel.de

Ausstattung: DU, Bad, WC. Tel., TV, WLAN. Teppich, NRZ, Rest.: intern. Küche. Tagungen/Seminare möglich. Wellness, Fitness, Bar, Lift. Kostenl. Parkpl.
Tiere: Hund/Katze 8€/Tag, Hundefuttervorrat. Willk.leckerli, Näpfe. Angeleint im Hausbereich / Restaurant. Tiere vor Ort: Hund
Beh. Einr: 1 rollstuhlgerechtes Zimmer
Beschreibung: Zwischen Leipzig und dem Neuseenland gelegenes, modern und freundlich eingerichtetes First Class Hotel.

191 EZ (ist DZ)	191 DZ	6 Suiten	70 App.	HP / VP
ÜF 69,50 €	ÜF 84,50 €	a.A.	a.A.	16 € / 30 €

mebu - Pension Saaleblick

Krautstraße 16, *06217 Merseburg*
H. Maier, J. Brenner, Tel. 03461-47310, Fax 03461-473131
mebu-info@arcor.de, www.mebu-info.de

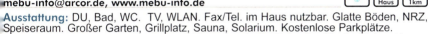

Ausstattung: DU, Bad, WC. TV, WLAN. Fax/Tel. im Haus nutzbar. Glatte Böden, NRZ, Speiseraum. Großer Garten, Grillplatz, Sauna, Solarium. Kostenlose Parkplätze.
Tiere: Hund 3 €/Tag, Katze 1 €/Tag. Willkommensleckerli, Decke, Näpfe, kleiner Vorrat an Hunde- und Katzenfutter. Tiere dürfen sich frei bewegen. Tiere vor Ort: Hunde- und Katzen.
Kinder: Spielplatz, Fußballwiese
Beschreibung: Kleine Pension in der burgenreichen Weinregion des Saale-Unstrut-Tales in unmittelbare Nähe zur Saale. Erholsame Spaziergänge, Wandern, Kanufahren.

3 EZ	3 DZ	1 App.
ÜF 25 - 35 €	ÜF 45 - 50 €	a.A.

ACRON Hotel Quedlinburg ★★★

Gartenstr. 44 a, *06484 Quedlinburg*
Tel. 03946-77020, Fax 03946-770230
acron-hotel-quedlinburg@t-online.de, www.acron-quedlinburg.de

Ausstattung: DU, WC. Tel. a.A., Radio, TV, Internet-Zugang im Haus. Teppichböden, NRZ vorh., Bar mit offenem Kamin, Frühstücksraum, Tagungen/Seminare möglich.
Tiere: Max. 2 Hunde / 2 Katzen; je 6,50 €/Tag. Kleintiere a.A. Angeleint im Hausbereich. Hundetoilettenbeutel im Ort vorhanden.
Beschreibung: Modernes Hotel am Rande der mittelalterlichen Altstadt – 800 Jahre Fachwerk. Ausflugstips: Schlossberg, Burg Falkenstein, Hexentanzplatz, Rübeländer Tropfsteinhöhlen, Straße der Romanik. Wandern in und um Quedlinburg.

64 EZ (=DZ)	64 DZ
ÜF 49 - 56 €	ÜF 69 - 75 €

"Am Markt" Hotel Eckartsberga

Hauptstr. 111, *06648 Eckartsberga*
N. Dimitrow-Schmidt, St. Kaven, Tel. 034467- 40021, Fax: 034467- 40175
info@hotel-eckartsberga.de, www.hotel-eckartsberga.de

Ausstattung: DU, WC. TV, WLAN. Teppichböden. NRZ. Restaurant: gutbürgerliche Küche. Tagungen/Seminare möglich. Kostenlose Parkplätze am Haus.
Tiere: Max. 3 Hunde/3 Katzen; kostenlos. Kleintiere a.A. Angeleint im Hausbereich und Restaurant. Tiere vor Ort: Hund
Beschreibung: Ideales Domizil für Geschäfts- und Privatreisende. Günstige Lage an der B 87 zw. Weimar und Naumburg am Fuße der Eckartsburg.

2 EZ	6 DZ	4 MB
ÜF 35 €	ÜF 53 €	15 - 30 €

Glücksburger Heidehof

Hauptstr. 12, 06928 Mügeln (Jessen/Elster)
Teamleiter des IWFC, Tel. 035384-21069
info@urlaub-m-hund.de, www.urlaub-m-hund.de

Ausstattung: DU, Bad, WC, Waschm., KÜ, Mikrow., Backofen. TV. Kaminofen. Gl. Böden. Terrasse. 20 m zum Bäcker. Kostenl. Parkpl.
Tiere: Max. 6 Hunde/kostenlos. Tiere dürfen sich frei bewegen. Hundeschlupfluken. Tiersitterservice. Coursing. Tiere vor Ort: Hunde
Beschreibung: Urischer Vierseitenhof unweit der Lutherstadt-Wittenberg, Dübener Heide und Wörlitzer Park. Diverse Reiterhöfe in der Nähe.

3 Fewo (bis 6 Pers.)	2 App.(bis 6 Pers.)
bis 2 Erw., 2 Ki Ü 49 - 69 € / weit. Pers. 15 €	

Nordic Camp Grünbach

Hammerbrücker-Straße 6, 08223 Grünbach
Knut Kupsch, Tel. 0375-660081, Fax 0375-660082
info@nordic-camp.de, www.nordic-camp.de

Ausstattung: Bad, WC. KÜ. 2 SZ, gl. Böden/Teppich, Terrasse. Eventbungalow für kulturelle u. Schulungszwecke. Kostenlose Parkplätze am Haus.
Tiere: Max. 2 Hunde/2 Katzen; je 8 €/5 €/Tag. Kleintiere a.A. Mobile Hundeschule und Reiterhof (10 km). Tiere dürfen sich frei bewegen.
Beschreibung: Aktive Erholung im Einklang mit der Natur. Kurse im Blockhausbau, Holzbildhauerei, Teambildung, Skischule, Yoga, Massagen, Nordic Walking. Kletterwald u. Erlebnisbad (10 km).

5 FH (bis 4 Pers., 45 m²)	Eventbungalow	Endr.	Wasser /Strom
Ü 40 - 50 €	50 €	20 €	nach Verbrauch

Ferien- und Reiterhof Sittel

Hauptstraße 86, 09395 Hormersdorf
Familie Sittel, Tel. 03721-38606, Fax 03721-38606
info@sittelhof.de, www.sittelhof.de

Ausstattung: DU, Bad, WC. KÜ. Backofen. TV. Glatte Böden/Teppichböden, Nichtraucherzimmer/-wohnung, Wäscheservice, Brötchen-Bringdienst. Kostenlose Parkplätze am Haus.
Tiere: Hund, Katze kostenlos. Pferd: Box/Auslauf 10 €/Tag. Vorrat an Pferde-/Hundefutter. Pferdekoppel. Tiere dürfen sich frei bewegen. Tiere vor Ort: Hund, Pferde.
Behind. Einr.: rollstuhlgeeignete Fewo
Beschreibung: Ehemaliger Bauernhof in ruhiger zentraler Lage. Viel Auslaufmöglichkeiten für Hunde. Reitwegenetz. Reiterferien ab 12 Jahre. Hausprospekt vorhanden.

1 EZ	3 DZ	1 Fewo	HP / VP
ÜF 17 - 21 €	ÜF 34 - 42 €	bis 2 Pers ÜF 36 €/ weit. Pers. 10 €	6 € / 14 €

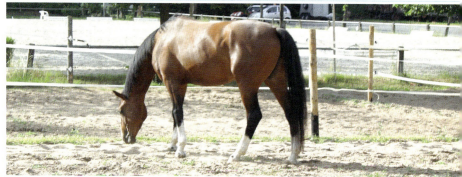

Haus La Garde G★★★

Bergengruenstraße 16, *14129 Berlin-Zehlendorf*
Susanne Rathgeb, Tel. 030-8013009, Fax 030-8024008
info@haus-la-garde.de, www.haus-la-garde.de

Ausstattung: DU, WC, Bademäntel, Hausschuhe. Tel., TV, WLAN. Minibar, Safe, Teppichboden, Balkon in DZ, nur NRZ. Sauna, Fitnessgeräte, Treppenhauslift. Leihfahrräder für die Gäste. Kostenlose Parkplätze am Haus.

Tiere: Hund kostenlos (evt. Endreinigung). Willkommensleckerli, Decke, Fress-/Wassernapf, Hundetoilettenbeutel. Tiere vor Ort: 2 Hunde und 2 Rosenköpfchen.

Beschreibung: Idyllisch gelegene Nichtraucher-Frühstückspension im grünen Bezirk Zehlendorf in ruhiger Villenstraße ohne Parkplatzsorgen und Auslaufgebiete am Schlachtensee und der Krummen Lanke.

2 EZ	2 DZ	1 MB
ÜF 60 - 70 €	ÜF 95 – 105 €	ÜF 125 €

Pension & Campingplatz "Gartenidylle" ★★★

Dorfstraße 4, *14547 Buchholz bei Beelitz*
Anneliese Siebach, Tel. 033204-33977, Fax 033204-607998
www.landurlaub-siebach.de

Ausstattung: DU, WC. TV, Radio. Glatte Böden, NRZ vorh., Wellness, Tischtennis, Radfahren, Wandern. Kostenl. Parkpl. FH: KÜ, Mikrow., Backofen, Balkon, NRW vorh.
Tiere: Max. 3 Hunde; je 4 €/Tag. Max. 3 Katzen; je 3 €/Tag. Angeleint im Hausbereich. Eingezäuntes Grundstück. Tiere vor Ort: Pferd, Hund, Kaninchen, Meerschweinchen, Vögel
Kinder: Spielplatz
Beschreibung: Kleiner ruhiger Campingplatz im Naturpark Nuthe-Nieplitz mit Sauna. Fahrradverleih, Westernreiterhof im Ort. Aufnahme von Wanderreitern.

EZ	DZ	2 FH
ÜF 24 €	ÜF 38 - 48 €	a.A.

Waldhotel "Alte Hölle" - das Tor zum Paradies

Alte Hölle 1, 14827 Wiesenburg/Mark OT Reetzerhütten
Grazyna Schmitz-Bienek, Tel. 033849-7979, Fax 033849-79755
alte-hoelle@t-online.de, www.alte-hoelle.de

Ausstattung: DU, Bad, WC. Tel., Internet. Teppichboden, NRZ. Alle Zimmer mit Balkon. FH/App.: DU, Bad, WC. Telefon. Teppichboden. Nichtraucherwohnung. Restaurant: regionale Küche, Wild- und Fischspezialitäten, vegetarische Gerichte. Bar. Sportmöglichkeiten: Schwimmen im Freibad, Volleyball, Badminton, Tischtennis, Kicker, Wandern. Sonderpreise ab 1.02. – 15.03. auf Anfrage. Kostenlose Parkplätze.

Tiere: Hund/Katze je 6 €/Tag. Pferdekoppel, Gassidienst, Tiersitterservice, Hundeschule, Hunde-Salon. Tierbedarf und Hund- bzw Katzenfutter nach Absprache. Tiere dürfen sich frei bewegen. Angeleint im Haus-bereich. Grünfläche 34.000 m².
Tiere vor Ort: 2 Hunde, 3 Katzen, Kaninchen

Kinder: Kinderspielplatz, Kinderplanschbecken

Behind. Einr.: Verschiedene Einrichtungen. Bitte anfragen.

Beschreibung: Liegt mitten im Wald. Ruhe und Erholung pur. Viele Wanderwege, viele Burgen, Berlin, Potsdam, Wittenberg / Lutherstadt, Wörlitzer Park, nah zur A2 und A9

25 EZ (ist DZ)	25 DZ	2 MB	2 Suiten	1 FH (50 - 60 Pers.)	HP / VP
ÜF 40 – 45 €	ÜF 65 – 70 €	a.A.	a.A.	a.A.	14 € / 22 €

Hotel-Restaurant "Waldschlösschen" ★★★

Am Waldschlösschen 3, 15749 Mittenwalde
Tel.: 033764-24580, Fax: 033764-245825
siehe Website, www.waldschloesschen-mittenwalde.de

Ausstattung: DU, WC. Tel., TV. Teppich. Teilw. Balkon. Rest.: traditionelle österr. Küche/ Spezialitäten aus Galizien, tschechisches Fassbier, Gastgarten, Firmen- u. Familienfeiern.
Tiere: Hund/Katze je 5 €/Tag. Näpfe, kleiner Tierfuttervorrat. Tiere dürfen sich frei bewegen. Angeleint im Hausbereich. Tiere vor Ort: Hund
Kinder: Spielplatz, Tischtennis, Sandkasten, Hängematte, Spiele
Beschreibung: Familiär geführter Gasthof im Grünen, 9 km südlich von Berlin in der wunderschönen, märkischen Landschaft. Wandern, Reiten, Golf, Radfahren, Tropical Islands.

5 EZ	5 DZ	2 MB	1 Suite
ÜF 48 - 50 €	ÜF 65 - 68 €	a.A.	ÜF 95 - 100 €

Landhotel Lindengarten

Dorfstr. 33, *16831 Kleinzerlang/Rheinsberg*
Doris Wolff, Tel. 033921-7680, Fax: 033921-76819
Pension.Lindengarten@t-online.de, www.landhotel-lindengarten.de

Ausstattung: Hotel: DU, WC. Tel. Radio, TV. Safe. Teppich. Teilw. Balkon. NRZ. Rest., Bar. Sauna. Volleyball, Bowling, Tagungen/Seminare. FeWo: F mgl.
Tiere: Hund/Katze je 3€/Tag. Angeleint im Objekt/Rest. erlaubt. Eingezäuntes Grundstück. Zaunhöhe 1,20 m. Tiere vor Ort: Hund
Kinder: Spielplatz, Bolzfeld, Barfußpfad
Beschreibung: Weitläufiges Hotel direkt an der Mecklenburgischen Kleinseenplatte. Wasserwandern, Angeln, Baden, Radfahren.

4 EZ	16 DZ	3 App	3 FeWo (2 Zi. / bis 4 Pers.)	HP
ÜF 35-45 €	ÜF 58-74 €	ÜF 37-45 €	2 Pers. Ü 30-35 €/weit. Pers. 5 €	15€

Hotel und Restaurant "Haus am See"

Zechliner Str. 5, *16831 Zechlinerhütte*
Frau Grosser, Tel. 033921-796-0, Fax: 033921-769-19
haus-am-see@rheinsberg.de, www.haus-am-see-zechlinerhuette.de

Ausstattung: DU, WC. Tel., Radio, TV, Internet im Haus. Teppich, Safe. NRZ. Rest: regionale, veg., molekulare Küche. Tagungen/Seminare. Terrasse mit Seeblick.
Tiere: Hund, Katze je 5 €/Tag. Willk.leckerli, Körbchen, Decke, Näpfe. Tiere dürfen sich generell frei bewegen. Angeleint im Hausbereich.
Beschreibung: Umgeben von einer großartigen Wald- und Seenlandschaft. Radfahren, Angeln, Wassersport, Wandern, Ausflüge in die Tucholsky-Stadt Rheinsberg.

7 EZ	35 DZ	HP	VP
ÜF 43 - 53 €	ÜF 55 - 69 €	15 €	30 €

Hotel und Restaurant "Am Birkenhain"

Sonnenweg 2, *16837 Luhme*
Frau Schnell, Tel. 033923-7170, Fax: 033923-71799
kontakt@am-birkenhain.de, www.am-birkenhain.de

Ausstattung: DU, WC. Tel., Radio, TV, Internet im Haus. Teppich, Safe. NRZ. Rest.: regionale, veg., Küche. Tagungen/Seminare. Terrasse mit Seeblick.
Tiere: Hund, Katze je 5 € / Tag. Willk.leckerli, Körbchen, Decke, Näpfe. Tiere dürfen sich frei bewegen. Angeleint im Hausbereich.
Beschreibung: Wellnesshotel zwischen idyllischen Seen und weiten Wäldern: Radfahren, Angeln, Reiten, Jagen, Wassersport, Wandern, Ausflüge in die Tucholsky-Stadt Rheinsberg.

DZ als EZ	33 DZ	HP	VP
ÜF 60 - 71 €	ÜF 72 -89 €	15 €	30 €

Seehotel Heidehof ★★★

Seestraße 11, *17094 Klein Nemerow*
Britta Budeus-Wiegert, Tel. 039605-2600, Fax 039605-26066
info@seehotel-heidehof.de, www.seehotel-heidehof.de

Ausstattung: DU, WC, Fön. Radio, TV, Telefon, Internet-Anschluß im Haus. Teppichboden, Minibar. Teilweise Terrasse. Nichtraucherzimmer vorhanden. Restaurant: gutbürgerliche Küche, vegetarische Gerichte. Bar, Kaminecke. Beauty- und Wellnessanwendungen im Partnerhotel Bornmühle (3 km) möglich. Kostenlose Parkplätze am Haus.

Sonstiges: Familienfeiern/Tagungen, Wassersport (Angeln, Baden, Tauchen, Wasserwandern), Radwandern (Fahrradverleih), Golf

Tiere: Hund 5 €/Tag. Tiere dürfen sich angeleint im Hausbreich bewegen. Direkte Lage am Tollensee mit Hundestrand.

Behind. Einr.: 2 rollstuhlgerechte Zimmer

Beschreibung: Familiär geführtes Hotel direkt am Tollensee an der Mecklenburgischen Seenplatte. Restaurant mit saisonaler Frischküche, Wintergarten, Seeterrasse, kleiner Wellnessbereich. 9-Loch-Golfanlage des Golfclubs Mecklenburg- Strelitz 3km entfernt.

6 EZ	36 DZ	HP
ÜF 50 - 60 €	ÜF 70 - 90 €	20 €

Hotel Kleines Meer ★★★★

Alter Markt 7, *17192 Waren*
Kati Strasen, Tel. 03991-6480, Fax 03991-648222
info@kleinesmeer.com, www.kleinesmeer.de

Ausstattung: DU, WC, Fön. Tel., Radio, TV, WLAN. Minibar, Safe. Teppichboden. NRZ, Lift. Bar, Restaurant mit Seeterrasse: regionale, Gourmetküche. Massagen, Sauna. Tagungen/Seminare (bis 70 Pers.) mgl. Parkplätze/Parkhaus gegen Gebühr.
Tiere: Hund/Katze je 10 €/Tag. Fress-/Wassernäpfe vorhanden. Tiersitterservice a.A. gegen Gebühr. Tiere dürfen sich frei bewegen. Angeleint im Hausbereich.
Beschreibung: Müritzblick, Altstadtflair oder die maritime Hafenatmosphäre - unsere besondere Lage lässt sie alles mit wenigen Schritten erreichen. Waren - sonniger als Sie denken!

3 EZ	25 DZ	2 Suiten	HP
ÜF 75 - 120 €	ÜF 84 - 154 €	ÜF 138 - 210 €	26 €

Amy´s Wohlfühlvilla für Mensch und Hund

Zwenzow 50, 17237 Userin OT Zwenzow
Alice Borchard, Tel. 039832-281010, Fax 039832-281022
info@villa-mv.de, www.villa-mv.de

Ausstattung: Hotel: DU, WC. Telefon, TV. Gl. Böden/Teppichböden, teilw. Balkon. NRZ vorh. Frühstück im Villa-Stübchen. Restaurant und Bar im Familotel Borchard's Rookhus (15 min Fußweg / Haustransfer möglich). FH: DU, Bad, WC. KÜ. TV, Radio, CD-PLayer. Terrasse, Kamin (1 FH). Wäscheservice, Brötchenbringdienst. Schwimmbad, Aquafitness, Sauna, Dampfbad, Solarium, Kosmetik und Massagen. Radfahren, Wandern, Wassersport, eigener Bade- / Bootssteg, Fahrrad- / Bootsverleih. Kostenlose Parkplätze.

Tiere: 1 Hund / Person kostenlos, jeder weitere 5 € / Tag. Katzen kostenlos. Willkommensleckerli, Decke, Näpfe, Tierfutter. Hundeminibar. Hundevollpension möglich. Angeleint im Stübchen/Restaurant erlaubt. Eingezäuntes Grundstück 6000 m² mit Buddelwiese. Zaunhöhe: 1 m. Gassidienst, Hundesitting, Hundephysiotherapie und Doggy Wellness: Unterwasserlaufband, Krankengymnastik, Pfoten-, Ohren-, und Rückenmassage für Hunde. Hundeschule vor Ort. Tiere vor Ort: 2 Hunde, 1 Katze, 2 indische Laufenten

Kinder: Happy Wellness (4-12 Jahre); Teeny Wellness (12-17 Jahre)

Behind. Einr.: 1 rollstuhlgerechtes Zimmer im Schwesternbetrieb

Beschreibung: Amy´s Wohlfühlvilla hat sich seit Jahren auf "WELLNESSURLAUB FÜR MENSCH UND HUND" spezialisiert. Das Haus liegt direkt am großen Labussee und hat den Müritz Nationalpark, mit unzähligen Spazier- und Radfahrmöglichkeiten, märchenhaften, einsamen Waldseen mit Naturbadestellen vor der Tür. Im Wellnessbereich können Zweibeiner herrlich entspannen. Amy´s Hundephysio mit Unterwasserlaufband bietet Hundephysiotherapie und Wohlfühlmassagen. Wöchentlich finden u.a. Hundewanderungen, Spielstunden, Massagen und Workshops statt.

DEUTSCHLAND

2 EZ	6 DZ	2 FH (2 Pers., 1 SZ)	HP
ÜF 59 €	ÜF 94 - 115 €	Ü 725 - 800 € / Woche	20 €

Fewo "Villa Belvedere"

Bergstr. 18, 17429 Bansin
K. Arnhold, Tel. 06023-1758, Fax 06023-970490
abe-arnhold@t-online.de, www.fewo-villa-belvedere.de

Ausstattung: DU, Waschm., WC. KÜ, Mikrow., Spülm., Biohäcksler, Cerankochfelder, Backofen. Radio, Sat-TV, WLAN. Parkett/Teppich. Dachterrasse. NRW.
Tiere: Max. 1 Hund; kostenlos. Näpfe. Hundetoilettenbeutel im Ort.
Beschreibung: Ferienwohnung in denkmalgeschützer Jugendstilvilla in einem der Kaiserbäder der Insel Usedom. Nur 3 min vom feinsandigen Strand und der Promenade entfernt u. dennoch in ruhiger Lage. Hochwertig und komfortabel ausgestattet.

1 Fewo (70 m², bis 4 Pers., 2 SZ)	Wäscheservice	Endr.
Ü 60 - 90 € / jede weit. Pers. 10 €	6,50 € / Pers.	40 - 50 €

Landhaus Martens

Zur Oie 14, 18356 Pruchten OT Bresewitz
Tel. 038231-3434, Fax: 038231-3431
webmaster@landhaus-martens.de, www.landhotel-martens.de

Ausstattung: DU, Bad, WC. Gl. Böden/Teppich. NRH. Rest.: regional-mediterrane Küche. Wintergarten mit Kaminofen. Yoga & Ayurveda-Seminare. Außenterrasse. Buffet-Frühstück.
Tiere: Pferde-Box im Nachbar-Reiterhof ; Hunde/ Katzen; je 5 €/Tag. Kleintiere a.A. Angeleint im Hausbereich/Restaurant. Vor Ort: Hunde, Katzen, Schafe.
Beschreibung: Beschauliches Fleckchen in traumhafter Landschaft, stille Oase für Mensch und Tier auf einer Landzunge im Barther Bodden. Direkt in der Kranicheinflugschneise des Nationalparks Vorpommersche Boddenlandschaft. Zingst (5 min), Prerow (7 km).

EZ	DZ	Studio (2 Pers.)	HP
ÜF 30 - 49 €	ÜF 49 - 95 €	ÜF 75 - 105 €	13,50 €

Haus Weststrand

Postreihe 15-2, 18375 Wieck a. Darß
Herr Kühn, Tel. / Fax 03338-767935
MKeuhn1@aol.com, www.Ferienhaus-Weststrand.de

Ausstattung: 2 x DU/WC, Waschmaschine. KÜ, Geschirrspüler, Backofen. Radio, TV, CD-Player. Glatte Böden. Terrasse. Grill. Tischtennis. Radfahren. Kostenlose Parkplätze.
Tiere: Max. 2 Hunde; 3 €/Tag. Tiere dürfen sich frei bewegen, außer im Schlafzimmer. 700 m² eingezäuntes Grundstück. Zaunhöhe: 1,25 m. Hundetoiletten u. -beutel.
Kinder: Kindersitz fürs Fahrrad, Kinderfahrrad, Hochstuhl, Reisebett
Beschreibung: 94 m² Ferienhaus auf einem Waldgrundstück im Nationalpark Vorpommersche Boddenlandschaft auf der Ostseehalbinsel Darß. Pilzmuseum, Leuchtturm, 3 km zum Strand.

1 FH (bis 7 Pers.; 3 SZ)
bis 4 Pers. Ü 65 - 110 € / weit. Pers. 5 €

Ruegens Urlaubsidylle ★★★★

Haus Nr. 3, 18569 Lüßvitz/Westrügen
L. Thomsen, Tel. 03838-313608, 0172-3275846, Fax: 03838-313610
lthbo@t-online.de, www.ruegens-urlaubsidylle.de

Ausstattung: DU, Bad, WC, Spül-/Waschm. KÜ, Mikrow. Radio, TV, CD-Player. Kaminofen. Gl. Böden/Teppich. Grill, Gartenstühle. Kostenlose Parkplätze.
Tiere: Max. 3 Hunde/3 Katzen/3 Kleintiere; kostenlos. Tiere dürfen sich frei bewegen, außer in oberen Schlafräumen. 3000 m² Grünfläche. Tiere vor Ort: Hund
Beschreibung: Rund um das Haus Natur und viel Platz zum Toben ohne Zaungrenzen. 500 m zum Wasser.

3 FH (bis 6 Pers.)	Endr.
Ü 65 - 105 €	40 €

Turmbau zu Baabe

Fritz-Reuter-Weg 12, *18586 Ostseebad Baabe*
Herr Schmidt, Tel. 0174-8087493, Fax: 038308-2195
schmidt-ruegen1@web.de, www.turmbau-zu-baabe.de

Ausstattung: DU, WC. Pantry-Küche, Mikrowelle, Spülm. Radio, TV. Gl. Böden / Teppich. Balkon. Kostenlose Parkplätze am Haus.
Tiere: Max. 2 Hunde / 2 Katzen; kostenlos. Tiere dürfen sich frei bewegen. Eingezäuntes Grundstück. 1600 m^2 Hundespielwiese. Hundetoiletten u. -beutel in der Umgebung. Tiere vor Ort: ein Schäferhund
Beschreibung: Ostküste der Insel Rügen, Strand, große Wälder, Wander- und Radfahrmöglichkeiten, Theater Putbus ca. 20 km entfernt.

2 Fewo (bis 2 Pers.)	Endr.
Ü 65 €	35 €

DEUTSCHLAND

Hotel Hanseatic Rügen & Villen ★★★★

Nordperdstraße 2, *18586 Ostseebad Göhren*
Rezeption, Tel. 038308-515, Fax: 038308-51600
info@hotel-hanseatic.de, www.hotel-hanseatic.de

Ausstattung: DU, Bad, WC. Radio, Telefon, TV, Internet-Zugang im Zimmer. Safe, Pantry. Glatte Böden, teilweise Zimmer mit Balkon. Nichtraucher-/Allergikerzimmer vorhanden. Restaurant: regionale und Gourmetküche, vegetarische Gerichte. Cocktailbar, Turmcafé, Wintergarten, Hausbibliothek, Lift. Tagungen/Events/Familienfeiern möglich. Großzügige Wellnesswelt (1000 m^2) mit chlorfreiem Schwimmbad, Meerblicksauna, Physiotherapie, Massagen, Ayurveda, Beautystudio (Rügener Heilkreide u.a.) und Fitnessbereich. Kostenlose Parkplätze am Haus.

Tiere: Hund/Katze je 10 €/Tag. Decke, Fress-/Wassernapf vorhanden. Tiere dürfen sich frei bewegen. Angeleint im Hausbereich und Restaurant erlaubt. Haustierzimmer vorhanden.

Kinder: Spielzimmer, Spielplatz

Behind. Einr.: 2 rollstuhlgerechte Zimmer

Beschreibung: Ruhige erholsame Lage mitten im Biosphärenreservat auf dem höchsten Punkt einer ins Meer ragenden Landzunge gelegen. Traumhafter Blick auf Insel und Meer. Nur einige Minuten zum Strand. Genießen Sie unsere großzügige Wellnesslandschaft!

74 EZ bzw. DZ		15 Suiten	42 App.	HP
ÜF 69,50 - 134 €	ÜF 99 – 169 €	ÜF 138 – 359 €	Ü 45 – 149 €	21 €

Ferienpension Lindenhof ★★★/★★★★

Alte Dorfstr. 2, *21385 Oldendorf/Luhe*, *OT Marxen am Berge*
Familie Stelter, Tel. 04132-380, Fax: 04132-7577
k.stelter.lindenhof@t-online.de, www.lindenhof-online.de

Ausstattung: DU, WC. TV. Teppich, gemütl. Aufenthaltsraum m. Kaminofen. Kostenl. Parkpl.
Tiere: Pferd: Box (Weidegang n. Abspr.) 10 €/Tag. Hund/Katze 5 € einmalig. Kleintiere a.A. Tierfuttervorrat, Reitunterricht, Reitplatz. Willkommensleckerli. Angeleint im Hausbereich. Tiere vor Ort: Hunde Barny und Donald, Hängebauchschweinchen
Kinder: Ponyreiten, Wildpark, Vogelpark Walsrode, Serengeti-Park, nahe bei Heidepark Soltau
Beschreibung: Erholsamer Urlaub für Jung&Alt mitten in der Lüneburger Heide. Grillplatz, Tischtennis, Federball, Wassersport, Kutschfahrten.

EZ (=DZ)	4 DZ	2 MB	7 FeWo (bis 7 Pers.; 45-90 m^2; 2-4 SZ)	Endr.
ÜF ab 30 €	ÜF ab 50 €	a. A.	ÜF 46 - 95 €	26-45 €

Kurparkresidenz Weedkroog ★★★

Weedkroog 13, 23669 Timmendorfer Strand
Susanne Fleck, Tel. 0511-6909882, Fax 0511-6490022
www.kurparkresidenz-fleck.de

Ausstattung: DU, Bad, WC, Waschm., Trockner. KÜ, Spülm., Mikrow., Backofen. Radio, TV. Teppichboden. Liegewiese, Gartenmöbel. Wäscheservice inklusive. Kostenlose Parkpätze am Haus.

Tiere: Max. 1 Hund; 5 € / Tag. Tiere dürfen sich frei bewegen, angeleint im Treppenhaus und auf der Liegewiese. Hundestrand: Niendorfer Strand

Beschreibung: Ruhiges Haus direkt am Kurpark und in Waldnähe mit elegant eingerichtetem Appartment. Moderne Kureinrichtungen im Ort (Trinkkuren, Massagen, Bäder, Sauna u.v.m.). Schwimmen, Segeln, Surfen, Hochseeangeln, Reiten, Golf und Tennis.

1 App. (2 Zi., bis 3 Pers., 52 m², ab 3 ÜN)	Endr.
Ü 53 – 88 €	45 €

Haus Godehoop ★★★

Hamburger Straße 24, 23743 Grömitz
Harry Krönke, Tel. 04562-3475, Fax 04562-267660
info@godehoop.de, www.godehoop.de

Ausstattung: DU, Waschm., WC. KÜ. Tel., TV, PC-Nutzung mit Internet. Gl. Böden, Terrasse.
Tiere: Hunde kostenlos. Näpfe, Hundetoilettenbeutel. Tiere dürfen sich frei bewegen. Eingezäuntes Grundstück. Tiere vor Ort: Hütehund.
Kinder: Spielwiese, Bollerwagen, Tischtennis, Tischfussball, Fahrräder, Hochstuhl, Kinderbett.
Beschreibung: Ruhige, strandnahe Lage. Fünf Minuten zum Hundestrand, 10 Minuten zum Zentrum. Wellenhallenbad im Ort. Auf Wunsch Bahnhofsshuttle.

4 FeWo (1 x 1 Zi., 3 x 2,5 Zi.)
bis 5 Pers. Ü 45 – 77 €

Hotel Hof Krähenberg ★★★ superior / ★★★★

Krähenberg 1, 23743 Grömitz
Rezeption, Tel. 04562-22722, Fax 04562-227250
info@hof-kraehenberg.de, www.hof-kraehenberg.de

Ausstattung: DZ, EZ, Hotelapp.,Fewo/FH mit DU, WC, Fön. Tel., Radio, TV, WLAN. Safe, Laminat/Fliesen/Teppich, Terrasse/Balkon, NRZ. Rest.: 3-Gänge-Abendauswahlmenü. Schwimmbad, Sauna, Wellnessoase mit Massagen etc., Sonnenbank, Fitnessgeräte. Billard, Tennispl., Fahrradverleih, Tischtennis. Golf-Greenfee-Ermäßigung, Nordic-Walking, Wanderwege, Wassersport, Reiten.
Tiere: Hund, Katze je 5 €/Tag. Willkommensleckerli, Hundetoilettenbeutel, Reiten am Strand, Pferdebox-Vermiet. im Ort.
Kinder: Spielz., Spiel-/Bolzplatz, Bücher, Spiele, Kinderreiten
Beschreibung: Das persönlich u. familiär geführte Hotel liegt idyllisch und ruhig direkt am Ortsrand im Grünen, nur 800 m zur Ortsmitte, 1700 m zum Hauptstrand. Weitere Informationen zu Fewo/FH siehe: www.ferienhaus-kraehenberg.de

3 EZ	22 DZ	2 Suiten / 15 App.	2 FH	5 Fewo	HP
ÜF 48 - 70 €	ÜF 70 - 125 €	ÜF 90 - 170 €	Ü 115-225 €	Ü 50-170 €	18 €

Haus Sonnenstrahl ★★

An der Allee 28, 23747 Ostseeheilbad Dahme
Helmut Kalo, Tel. 04364-499068, Fax 04364-499068

Ausstattung: DU, WC. KÜ, Backofen. TV. Balkon oder Terrasse. Brötchenservice. Kostenlose Parkplätze.
Tiere: Großer Hund 5 €/Tag. Kleine Hunde kostenlos. Willkommensleckerli, Hundetoilettenbeutel im Ort vorhanden.
Kinder: Hochstuhl, Kinderbett.
Beschreibung: Ruhige Lage zwischen Wald und Meer. Garage für Fahrräder. Strand 5 min entfernt. Hausprospekt vorhanden.

4 FeWo (4 x 3 Zi.)	Endr.
2 - 4 Pers. Ü 42 - 60 €	30 € / für Hundebesitzer 40 €

Ferienhof Rießen

Presen 16, 23769 Fehmarn Ot Presen
Herr Rießen, Tel. 04371-8622-0, Fax 04371-8622-14
info@rinsel.de, www.ferienhof-rießen.de

Ausstattung: DU, WC. Waschmaschine und Trockner gegen Gebühr im weißen Haus. KÜ, Spülmaschine, Backofen. TV, Telefon. Teppichböden. Alle Zimmer mit Balkon oder Terrasse. Grillplatz, Gartenhaus. Tischtennis, Reiten. Kostenlose Parkplätze am Haus.

Sonstiges: Wasservogelreservat in Wallnau, Mereszentrum Fehmarn, Modelleisenbahnausstellung in Burg a.F., Sportpark Südstrand, Golf, Hochseeangeln, Tauchen, Surfen, Segeln, Radfahren u.v.m.

Tiere: Hund/Katze kostenlos. Bademöglichkeit für Hunde vorhanden. Tiere vor Ort: Ponys, Katzen, Meerschweinchen

Kinder: Spielplatz, Dino Cars, Tischfussball, Trampoline, GoCarts

Beschreibung: Ostseeinsel Fehmarn: In besonders ruhiger Lage finden Sie unseren großen Bauernhof, umgeben von schönen, alten Bäumen, eingebettet in Felder und Wiesen an der Ostseeküste der Ferieninsel Fehmarn nur 500m vom Naturstrand entfernt. Bis zur Inselmetropole Burg sind es von Presen 6 km.

Fewo (1 – 8 Pers.)	Endr.
Ü 25 – 95 €	30 €

Feriendorf "An der Ostsee"

An der Chaussee 5, 23948 Wohlenberg
Helmut Bley, Tel. 038825-22408 oder 410 Fax: 038825-41100
info@ostsee-feriendorf.de, www.feriendorf-ostsee.de

500m | Haus | 8km | 8km

Ausstattung: DU, Bad, WC. Tel., Radio, TV. Minibar, App.-Küche. Zi. teilw. Seeblick. FH/FeWo: KÜ, Wäscheservice, PVC/Teppichboden. Lift, Restaurant. Wellnessbereich mit Sauna, Solarium, Kosmetik, Massagen. Freizeithalle, Kegelbahn, Indoor-Spielhalle, Dart, Billard, Kicker, Fahrradverleih. Kostenlose Parkplätze.

Tiere: Hund/Katze je 9.50 € / Tag, Körbchen, Näpfe. Kein Zutritt zum Restaurant. Tiere vor Ort: Hund

Kinder: Spielplatz

Beschreibung: Familiär geführtes Feriendorf an der Ostsee im kleinen romantischen Ort Wohlenberg, direkt an der Ostseeküste zwischen Boltenhagen und Wismar.

DEUTSCHLAND

5 EZ	50 DZ	20 MBZ	5 Suiten	2 FH / 45 FeWo	HP / VP
ÜF 45 - 75 €	ÜF 54 - 100 €	a. A.	a.A.	Ü/ÜF 44 - 150 €	14,50 €/23,50 €

Ostseeferienhof ★★★★

Dorfstr. 1, 24321 Panker-Matzwitz
Anne Hentschel, Tel. 04381-416660, Fax: 04381-416669
info@ostseeferienhof-hartmann.de, www.ostseeferienhof-hartmann.de

4km | Haus | 7km | 7km

Ausstattung: DU, WC. KÜ, Backofen. Radio, CD-Player. Gl. Böden. NRW. Garten. Brötchen-Bringdienst. Reitunterricht. Eier und Milch vom Hof. Massagen. Kostenlose Parkplätze.
Tiere: Pferd 5 €/Box: 10-12 €/Tag. Pferdekoppel. Hund 1,50 €/Tag, Katze kostenl. Willk.leckerli. Kl. Futtervorrat. Hundetoilettenbeutel. Physiotherapie, Wellness. Tiere vor Ort: Bauernhoftiere.
Kinder: Ponyreiten, Spielmöglichkeiten im Garten
Beschreibung: Ferienhof in der hügeligen Landschaft der Holsteinischen Schweiz. Ausreitgelände, Strände. Kleines Städtchen Lütjenburg in unmittelbarer Nähe.

1 Fewo (bis 5 Pers.)	Endr.
Ü 55 - 65 €	40 €

Die Küstenhäuser ★★★ bis ★★★★★

Sandboll 18, 25718 Friedrichskoog-Spitze
H. und S. von der Geest, Tel. 04854-904340, Fax: 04854-904357
helge.vdg@t-online.de, www.friedrichskoog-spitze.de

400m | Haus | 5km | 15km

Ausstattung: DU, Bad, WC. KÜ, Spül-/Waschm., Mikrowelle, Backofen, Cerankochfeld. TV, Radio, DVD-Player. Gl. Böden. Garten mit Terrasse. Kostenl. Parkpl.
Sonstiges: Sauna, Kamin. Kur- u. Thalassozentrum im Ort.
Tiere: Alle Tiere kostenlos. Tiere dürfen sich frei bewegen. Eingezäuntes Garten-Grundstück. Hundetoilettenbeutel. Vor Ort: Hund
Beschreibung: Komfortable Häuser im Nordseeheilbad. Nur 200-400 m zum Nordseedeich. Seehundstation und Hafen in der Nähe.

4 FH (bis 6 Pers./2-3 SZ)	1 FeWo (bis 2 Pers.)	Endr.
Ü (bis 2 Pers.) 33 - 89 €, weit. Pers. 3 €	Ü 29 - 43 €	40 - 65 €

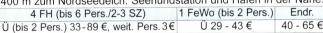

An einem edlen Pferd schätzt man nicht seine Kraft, sondern seinen Charakter.

Konfuzius 551-479 v. Chr.

Ferienhaus Friedrichskoog ★★★

Große Balje 26, 25718 Friedrichskoog-Spitze
R. und M. Hardorp, Tel. 04825-7887
ralf.hardorp@freenet.de, www.ferienhaus-friedrichskoog.de

Ausstattung: DU, Bad, WC, Waschmaschine. KÜ, Mikrowelle, Backofen. Sat-TV, Radio. Glatte Böden mit Teppichen. Fahrräder vorh. Gäste-Transfer vom Bhf mgl.
Tiere: Hund/Katze; 10 €/ Tier (einmalig). Willkommensleckerli. Tiere dürfen sich generell frei bewegen. Hundetoilettenbeutel in der Nähe.
Kinder: Schaukel, Sandkiste, Rutsche, Kinderbett, Hochstuhl
Beschreibung: Ruhiges, gemütliches Ferienhaus. 500 m bis zum Strand. Restaurant, Seehundstation und Hafen in der Nähe.

2 FeWo (je 2 - 4 Pers. / 50m²)
Ü 40 - 65 €

Ferienwohnung an der Nordsee ★★★

Miele 13a, 25718 Friedrichskoog-Spitze
Eckhard u. Dagmar Marth, Tel. 04851-4848, Fax: 04851-957828
Don.Eckhardo@t-online.de, www.wattfinca.de

Ausstattung: DU, WC. KÜ. Radio, TV. CD-Player. Teppich. 2 Terrassen. Liegewiese. Kur- u.Thalassozentrum/Fahrradverleih im Ort. Bahnabholung mgl.
Tiere: Hund/Katze/Kleintiere 5 €/Tag. Willkommensleckerli. Tiere dürfen sich frei bewegen. Hundetoilettenbeutel vorhanden.
Kinder: Kinderbett, Hochstuhl, Sandkasten, Schaukel
Beschreibung: Strandnahe 2-Zimmer-Ferienwohnung am Rande des Wattenmeers. Ideal für Familienurlaub. Handy 01715427255

1 Fewo (max. 4 Pers.)	< 7 ÜN	Endr.	Strom
Ü 28 - 45 €	einmalig 30 €	25 €	0,20 € / kwh

Ferienhaus Marianne ★★★★

Lehmberg 1, 25725 Schaftstedt-Dückerswisch
✉ Dr. Christine Bothmann, Dellbrück 8, 25704 Bargenstedt
Tel. 04806-364, Fax: 04806-990171
christine.bothmann@t-online.de, www.haus-marianne.de

Ausstattung: DU, WC, Waschmaschine. Küche, Spülmaschine, Mikrowelle, Backofen. TV, Radio, Telefon, Internet. Teppichboden. Kaminofen. Wäscheservice. Kostenlose Parkplätze.

Sonstiges: Sauna, Solarium. Großer Garten, Gartenmöbel, Grill. ADAC-Vorteilspartner.

Tiere: Max. 3 Hunde / 3 Katzen / 1 Pferd a.A. Fress-/Wassernapf. Tiere dürfen sich frei bewegen. Zaun zum Nord-Ostseekanal. Hundetoiletten in der Umgebung vorhanden. Vermieterin ist Tierärztin. Tiere vor Ort: Hunde, Katzen, Pferde (eigener landwirtschaftlicher Betrieb: 10 km).

Kinder: Tischtennis, Tischfussball, Sandkiste, Spiele für innen und außen. Kinderplus-Ausstattung.

Beschreibung: Traumhafte Terrassenlage direkt am Nord-Ostsee-Kanal. 2200 m² Garten. Alleinlage. Kein öffentlicher Autoverkehr. 4-Sterne TIN-klassifiziert. Urlaub von Anfang an für Sie und Ihre Vierbeiner.

1 Ferienhaus (4 DZ)	Energie für Sauna
Ü 90 €	nach Verbrauch

Dünenhotel Eulenhof ★★★

Im Bad 91-95, 25826 St. Peter-Ording
Familie Herth, Tel. 04863-96550, Fax 04863-9655155
info@duenenhotel-eulenhof.de, www.duenenhotel-eulenhof.de

Ausstattung: DU, WC. Tel., Radio, TV. Minibar, Safe, Bademäntel. Zimmer teilw. mit Balkon/Terrasse. NRZ, NRW. Frühstücksraum. Wellnessbereich mit Hallenschwimmbad und Sauna. Strandkörbe. FH/Fewo/App.: DU, WC. KÜ. TV. Wäscheservice. Kostenlose Parkplätze.
Tiere: Hund/Katze; 4 €/Tag. Willkommensleckerli. Tiere angeleint im Haus-/Gartenbereich. Kein Zutritt zum Frühstücksraum. Hundedusche/-toiletten in der Nähe. Tiere vor Ort: Hund.
Behind. Einr.: Große rollstuhlgerechte Ferienwohnung.
Beschreibung: Unter Bäumen geborgen, von der Straße abgewandt, absolut ruhig, an den Innendünen gelegen in naturnaher Umgebung. Hausprospekt. Sparpreise November bis April, außer Ferienzeiten.

10 EZ	13 DZ	13 MB	13 Fewo bzw. App. / 2 FH (2 - 6 Pers.; 43-90 m²)
ÜF 50 - 80 €	ÜF 100 - 150 €	a. A.	Ü 100 - 160 € / Tag

Haus Eilers ★★★

Theodor-Mommsen-Weg 9, 25826 St. Peter-Ording
Brigitta Eilers, Tel. 04863-1244

Ausstattung: DU, Bad, WC, Waschm., Trockner. KÜ, Mikrowelle. Tel. im Haus, Radio, TV. Gefliese Böden/Teppichboden. Balkon. Kostenlose Parkplätze.
Tiere: Max. 2 Hunde/2 Katzen; kostenlos. Kleintiere a.A. Kleiner Vorrat an Tierfutter. Tiere dürfen sich frei bewegen. Eingezäuntes Grundstück. Zaunhöhe 1,20 m. Tiere vor Ort: Hund.
Beschreibung: Viele herrliche Wald- und Wanderwege. Ruhige Lage. Zehn Minuten Fußweg durch Dünenwald ins Zentrum. Erlebnisbad, Kureinrichtungen. Riesige Hundestrände.

2 Fewo (bis 4 Pers., 38 bzw. 42 m² , 1 SZ bzw. 2 SZ)
bis 4 Pers. Ü 40 – 70 € / weit. Person 5 €

Appartements Wogemann ★★★★

Bövergeest 3, 25826 St. Peter-Ording
Karin Kraas, Tel. 04863-2822, Fax. 04863-95395
karin.kraas@t-online.de, www.wogemann.de

Ausstattung: DU, WC. KÜ. Spülmaschine, Mikrowelle, Backofen. Radio, TV. Glatte Böden. Alle Zimmer mit Balkon. NRW, Wäscheservice, Brötchen-Bringdienst. Kostenl. Parkplätze.
Tiere: Pferd: Box/Weide 13 €/Tag + tägl. Pferdefutter. Hund, Katze kostenlos. Fress-/Wassernäpfe, Hundetoilettenbeutel, Pferdekoppel. Tiere dürfen sich frei bewegen, außer Spielplatz. Teilweise eingezäuntes Grundstück. Tiere vor Ort: Hunde
Kinder: Spielplatz
Beschreibung: Ein Haus, wie Sie es suchen. Wohnungen für Sie und Ihren Vierbeiner.

1 FH (6x2 Zi., 5x3 Zi., 1-4 Pers.)	13 FeWo (6x2 Zi., 5x3 Zi., 1-4 Pers.)
Anzahl	Anzahl

Sei dankbar den Tieren -
sie sind der Ursprung Deiner Kraft.

Indianische Weisheit

Das Haus von Fischers Fritze ★★★★

Fischerstraße 7, 25832 Tönning
Torsten Beetz, Tel. 04861-9192, Fax 04861-9194
fischerhuus@gmx.de, www.eiderstedt-nordsee.de

Ausstattung: DU, Bad, WC. KÜ, Mikrowelle, Backofen, Spül-/Waschmaschine. TV/Radio, Tel., WLAN. Glatte Böden. Teilw. Balkon, NR-Haus, Wäscheservice. Kostenl. Parkplätze, Spielplatz.
Tiere: Hund/Katze; 3,50 €/Tag. Decke, Näpfe. Tiere dürfen sich frei bewegen. Eingezäuntes Grundstück.
Beschreibung: Haus mit direktem Zugang zum Hafen. Ausflugsziele in der Nähe: Friedrichstadt, St. Peter-Ording, Husum, Büsum.

1 FH (bis 7 Pers.)
bis 4 Pers. Ü 66 - 100 € / weit. Pers. 5 €

Hotel "Immenstedt Bahnhof"

Olderuperstraße 1, 25885 Immenstedt
Walter Lüdrichsen, Tel. 04843-1331, Fax 04843-1304
info@hotel-immenstedt-bahnhof.de, www.hotel-immenstedt-bahnhof.de

Ausstattung: DU, WC. TV. Betriebs-/Familienfeiern möglich. Kegeln, Kostenlose Parkplätze.
Tiere: Pferd: Weide 4€/Tag. Box 8€/Tag. Hund/Katze je 2 €/Tag. Tiere dürfen sich frei bewegen. Angeleint im Hausbereich. Hundetoiletten in der Nähe. Vor Ort: Katzen, Pferde
Kinder: Spielplatz
Beschreibung: Ländliche, ruhige Lage. Hausprospekt vorhanden.

5 EZ	6 DZ	3 MB (bis 3 Pers.)	HP (ab 10 Pers.)
ÜF ab 30 €	ÜF ab 70 €	a. A.	a.A.

Vier Winde ★★★★

Bosbüller Str. 11, 25899 Klixbüll
Silvia u. Sabine Schwarz, Tel. 0151-11519181, Fax: 03212-1084975
vier-winde@silbeecle.de, www.silbeecle.de

Ausstattung: DU, Bad, WC, Waschm., Trockner. KÜ, Mikrow., Backofen. Radio, TV, DVD-Player. Glatte Böden. NRW. Großes Grundstück (1000 m²).
Tiere: Max. 4 Hunde kostenlos. Willk.leckerli, Körbchen, Decke, Näpfe, Toilettenbeutel. Eingezäuntes Grundstück. Vor Ort: 3 Hunde
Kinder: Reisebett, Hochstuhl, Wickelauflage, Schlafsäcke, Spielzeug
Beschreibung: Ferienwohnung (85 m²) im historischen Reetdachhaus (Altes Pastorat) auf ruhiger Warft gelegen mit viel Komfort.

1 Fewo (bis 3 Pers.)	Endr.
bis 2 Pers. Ü 40 - 55 € / weit. Pers. 5 €	35 - 50 €

Petras Friesenhaus

Gotteskoogdeich 11, 25924 Emmelsbüll-Horsbüll
P. Sattelberg-Lorkowski, Tel. 04667-951241, Fax 03212-2022022
petra.sattelberg-lorkowski@t-online.de, www.petras-friesenhaus.de

Ausstattung: DU, Bad, WC, Waschmaschine. KÜ, Spülmaschine, Mikrowelle, Backofen. TV, Radio, DSL WLAN IN ALLEN WOHNUNGEN, Sauna im Studio. Kamin. Glatte Böden/ Teppichboden. Nichtraucherwohnung vorhanden, Garten, Einkaufservice vor der Anreise. Wasserbett in der Kuschelwohnung. Emilys Friesenhaus: 50 m² Terrasse, Kaminofen, Spülmaschine, Waschmaschine, Badewanne. Radfahren, Wattwandern, Schwimmen.

Tiere: Alle Tiere kostenlos. Decke, Fress-/Wassernäpfe, Agility, Hundeschule. Training für Gästehunde in Niebüll. Tiere dürfen sich frei bewegen. Eingezäunte Grundstücke. „Bellen erlaubt!"

Kinder: Reisebett, Hochstuhl

Beschreibung: Alleinlage im freien Feld. 4 separate eingezäunte Grundstücke (insg. 4000 m²). Studiogarten 2800 m² eingezäunt. Außerhalb der Ortschaften. Besonders hundefreundliche Region. Weltnaturerbe "Wattenmeer".

2 FH (2 – 4 Pers.)	2 Fewo (2 - 4 Pers.)	Wäsche	Endr.
Ü 38 – 53 €	Ü 53 – 55 €	komplett inklusive	a. A.

Sophienhof ★★★★

Buurnstrat 80, 25938 Oevenum auf Föhr
Maja Wagner, Tel. 04681-7484940, Fax: 04681-7484940
info@sophienhof-foehr.de, www.sophienhof-foehr.de

Ausstattung: DU, Bad, WC, Waschm., Trockner. KÜ, Mikrow., Backofen, Spülm., Tel., Radio, TV, Internetzugang, CD-Player. Gl. Böden. Kaminofen. Sauna und Solarium.
Tiere: Max. 2 Hunde; kostenlos. Tiere dürfen sich frei bewegen, außer im SZ. Angeleint im Hausbereich. 12000 m²s Grundstück. Hundetoilettenbeutel im Ort. Tiere vor Ort: Hund
Kinder: Hochstuhl, Kinderbett, Spiel-/Fussballplatz, Strandspielzeug, Bücher
Beschreibung: Der reetgedeckte Sophienhof mit seinen 11 liebevoll eingerichteten 4-Sterne-Komfort-Wohnungen bietet Familien-Urlaub mit Stil!

11 Fewo (2 - 6 Pers., 2 - 4 Zi.)
Ü 50 - 160 €

Ferienwohnungen CAT Sieg

Am Lister Tor 3+4, 25992 List/Sylt
Anke Sieg, Tel. 04651-871402, Fax 05651-871564
info@giese-sylt.de, www.giese-sylt.de

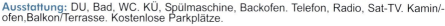

Ausstattung: DU, Bad, WC. KÜ, Spülmaschine, Backofen. Telefon, Radio, Sat-TV. Kamin-/ofen, Balkon/Terrasse. Kostenlose Parkplätze.

Tiere: Hund/Katze kostenlos. Tiere dürfen sich frei bewegen. Automaten mit Hundetoilettenbeutel in der Nähe vorh. Tiere vor Ort: Hunde

Beschreibung: Zentrale Lage, ca. 300 m zum Oststrand. 10 min. zum Hafen. Hausprospekt vorhanden

4 Fewo (2 – 4 Pers.; 45 – 85 m²; 1 - 2 SZ)	Wäschepaket
Ü 40 – 125 € / weit. Pers. 5 €	10 € / Pers.

Haus Yanke

Pakenser Altendeich 10a, 26434 Wangerland Hooksiel
Nortrud Glout, Tel. 04425-1242, Fax: 04425-990141
info@haus-yanke.de; www.haus-yanke.de

Ausstattung: Bad, WC. KÜ, Mikrowelle. Tel., TV, CD-Player. Gl. Böden. NRW. Brötchen-Bringdienst. Großes Trampolin.
Tiere: Max. 1 Hund / 1 Katze; 3 €/Tag. Willk.leckerli, Hundetoilettenbeutel. Tiere dürfen sich frei bewegen. Eingezäuntes Grundstück; Zaunhöhe: 2,20 m. Tiere vor Ort: Hund
Beschreibung: Familien- u. tierfreundliche Ferienwohnung in zentraler, sonniger Lage. Segeln, Surfen, Tennis, Ponyreiten u.v.m.

1 FeWo (bis 4 Pers.)	ÜF	Endr.
Ü 42 € / weit. Pers. 7,50 €	a.A.	20 €

Ferienhaus Maike

Foortweg 1, 26487 Neuschoo
Tina Herzberger, Tel. und Fax 04975-750069
www.haus-maike-neuschoo.de

Ausstattung: DU, WC. KÜ, Mikrow., Backofen. Radio/TV. Gl. Böden/Teppich. Kostenl. Parkpl.
Tiere: Hunde/Katzen kostenlos. Vorrat an Hunde-/Katzenfutter. Willkommensleckerli, Körbchen, Decke, Fress-/Wassernäpfe. Tiere dürfen sich frei bewegen. Eingezäuntes Grundstück. Zaunhöhe: 1,30 m. Tiere vor Ort: Ponys, Hunde, Katzen, Kaninchen, Schafe.
Behind. Einr.: Behindertenfreundlich, da alle Räume im EG.
Beschreibung: Ewiges Meer, größter Hochmoorsee, Blumenhallen Wiesmoor, Moormuseum Moordorf, Brauhaus Jever

1 FH (3 Zi.)
bis 2 Pers. Ü 35 € / weit. Pers. 8 €

Ferienhof Upwarf ★★★★

Westermarscher Straße 22, 26506 Norden/Norddeich
Familie Roolfs, Tel. 04931-4574, Fax: 04931-959010
helga.roolfs@nwn.de, www.upwarf.de

Ausstattung: DU, Bad, WC. KÜ, Mikrowelle, Spül-/Waschmaschine, Wäscheservice. TV, DVD, Internet, PVC, Teppich. Fitnessraum, Solarium, Sauna, Whirlpool. Kostenl. Parkplätze.

Tiere: Hunde/Katzen 40 € für Gesamtzeit. Tiere dürfen sich frei bewegen. Tiere vor Ort: Hunde, Katzen, Ponys, Bauernhoftiere

Kinder: Spiel- und Bolzplatz, Spielscheune, Spielfahrzeuge, Tischfußball, Tischtennis, Trampolin, Ponyreiten u.v.m.

Beschreibung: Glückliche Kinder - stressfreie Eltern. Ausflüge zu den Inseln Norderney, Juist, Baltrum, Helgoland. Kurort. Hausprospekt, Internet: www.upwarf.de.

1 FH	6 Fewo	1 App.	Endr.
1 - 4 Pers. Ü 43 - 91 € / weit. Pers. 5 €			73 – 113 €

Bürgerhaus Katja ★★★★

Norddeicher Straße 6, 26506 Norden/Norddeich
Familie Roolfs, Tel. 04931-4574, Fax: 04931-959010
helga.roolfs@nwn.de, www.katja-norddeich.de

Ausstattung: DU, Bad, 2 x WC, Waschmaschine, Trockner. KÜ, Spülmaschine, Mikrowelle. Telefon, TV, Video/DVD, Internet. Teppich- / Holz- / PVC- / Fliesenboden. Carport.

Tiere: Hunde/Katzen 40 € für Gesamtzeit. Tiere dürfen sich frei bewegen. Freilauf im Garten.

Kinder: Spielplatz, Spielfahrzeuge, überdachter Sandkasten, Tischtennis, Fahrräder

Beschreibung: Nordseekurort Norden-Norddeich siehe www.norddeich.de. Ausflüge zu den Inseln Norderney, Juist, Baltrum, Helgoland. Ponyreiten u.a.m. siehe Ferienhof Upwarf, nachfolgende Anzeige. Hausprospekt und Internet: www.upwarf.de.

1 Fewo (bis 4 Pers., 90 m², 2 SZ)	Endr.
Ü 73 € / weit. Pers. 5 €	93 €

Ferienhaus Nannen

Birkenstr. 6a, 26529 Rechtsupweg
Heidi Gohlke, Tel. 04942-579703, Fax: 04942-579704
info@ferienhaus -nannen.de, www.ferienhaus-nannen.de

Ausstattung: DU, Bad, WC, Waschmaschine, Trockner. KÜ, Geschirrspüler, Mikrowelle, Backofen. Radio. TV. Glatte Böden/Teppichboden. Terrasse. Gartenmöbel, Grill. Kostenlose Parkplätze am Haus.

Tiere: Max. 2 Hunde/2 Katzen; je 15 €/Woche. Kleintiere auf Anfrage. Tiere dürfen sich frei bewegen, außer im Schlafzimmer. Eingezäuntes Grundstück mit 700 m² großem Garten. Zaunhöhe: 1,40 m.

Kinder: Spielzeug, Zoo in der Nähe

Beschreibung: Ruhige zentrale Lage. Norddeich mit Hundestrand: ca. 15 Automin. Einkaufsmöglichkeiten u. Restaurants vor Ort. Radfahren, Wattwandern, Minigolf. Seehundaufzuchtstation, Nordseetherme, Ausflüge zu den ostfriesischen Inseln.

1 FH (bis 7 Pers.)	Endr.
bis 4 Pers. Ü 55-65 € / weit. Pers. 5 €	50 €

Pension Die Wilhelmine

Rheinstraße 35, 26548 Norderney
Frau Koch-Malbranc, Tel. 04932-2361, Fax 04932-2466
anfrage@die-wilhelmine.de, www.die-wilhelmine.de

Ausstattung: DU, WC, z.T. Etagen-DU/WC. Kabel-TV, FON-Hotspot. Teppich. Gaststube: regionale Küche, Bar, Sonnenterrasse. Parkplätze am Haus gegen Gebühr.
Tiere: Max. 2 Hunde; je 5,50 €/Tag. Angeleint in d. Gaststube. Hundetoilettenbeutel im Ort. Reitschule 300 m entfernt. Tiere vor Ort: a.A.
Beschreibung: Die Wilhelmine ist ruhig, direkt hinter dem Dünengürtel gelegen auf der Nordseeinsel Norderney: Persönliches Ambiente im nordischen Stil. Wattwandern, Radfahren, Angeln, Wassersport, Golf, Reiten, Thalasso-Badehaus, Tennis.

EZ	DZ	HP
ÜF 40 - 46 €	ÜF 72 - 86 €	14,50 €

Ringhotel Köhlers Forsthaus ★★★★

Hoheberger Weg 192, 26605 Aurich
Marina Köhler, Tel. 04941-17920, Fax. 04941-179217,
hotel@koehlers-forsthaus.de, www.koehlers-forsthaus.de

Ausstattung: DU, WC. Tel., Radio, TV, WLAN. Minibar, Teppich, Garten, Rest., Bar. Bade- u. Saunalandschaft: Wohlfühlwelt mit Kosmetik, Massagen, Bäder.
Tiere: Hund 7 €/Tag, Willkommensleckerli, Näpfe, Hundetoilettenbeutel. Tiere angeleint im Hausbereich/Restaurant. Vor Ort: Hund, Katzen
Kinder: Kinderspielplatz
Beschreibung: Mitten im Ferienland Ostfriesland, 3 km vom Zentrum Aurich, idyllisch u. ruhig gelegen am Waldrand. Wanderwege ab Hotel.

10 EZ	39 DZ	Zustellbett	HP / VP
ÜF 70 €	ÜF 112 €	20 €	21 € / 30 €

Ferienwohnungen Djuren

Moorlagerweg 24, 26629 Großefehn
Elise Djuren Tel. 04943-3884, Fax: 04943-912263
fewo@djuren-online.de , www.djuren-online.de

Ausstattung: DU, WC. KÜ, Mikrow., Backofen. Radio, SAT-TV, CD. Glatte Böden. Terrasse. NRW vorh., Garten, Liegewiese, Fahrradausleihe. Kostenl. Parkpl.
Tiere: Max. 3 Pferde/7 Hunde; je 10 €/Box/Tag; je 3 €/Tag, Zwinger 3 € Hundeübungspl. 500 m. Eigener Reitplatz. Tiere vor Ort: Hund, Katze
Kinder: Spielplatz, Schaukel, Rutsche, Spielturm
Behind. Einr.: 1 behinderten gerechte Ferienwohnung
Beschreibung: Ausflüge an die Nordsee. Reichlich Weideland.

2 Fewo (bis 4 Pers., 2 SZ)
bis 2 Pers. Ü 30 - 35 € / weit. Pers. 5 €

Hotel Schomacker

Heidberger Str. 25, 28865 Lilienthal bei Bremen
Tel. 04298-93740, Fax: 04298-4291
hotelschomacker@t-online.de, www.hotelschomacker.de

Ausstattung: DU, Bad, WC. Tel., Radio. TV. Teppichböden. NRZ vorh. Restaurant. Kostenlose Parkplätze am Haus. Garage gegen Gebühr.
Tiere: Hunde/Katzen; 6 €/Tag. Näpfe, kl. Hundefuttervorrat. Tiere angeleint im Hausbereich. Kein Zutritt zum Frühstücksraum.
Beschreibung: Gelegen in der grünen Oase am Rande der Hansestadt Bremen zwischen den berühmten Künstlerdörfern Worpswede und Fischerhude. Hausprospekt vorhanden.

9 EZ	18 DZ	1 MB	HP
ÜF 49 - 58 €	ÜF 86 – 88 €	ÜF 104 €	17 €

Ferienhaus Sommer ✗

Lohweg 14, 32791 Lage-Hörste
Ch. Baumert-Sommer, Tel. 05202-4284, Fax. 05202-925847
kmaso@t-online.de

Ausstattung: DU, WC. KÜ, Backofen. Radio, TV, CD-Player. Kaminofen. Glatte Böden/Teppichböden. Wäscheservice.
Tiere: Max. 2 Hunde/2 Katzen; kostenlos. Tiere dürfen sich frei bewegen. Eingezäuntes Grundstück: 1000 m², Zaunhöhe 0,8 m.
Beschreibung: Ferienhaus im Teutoburger Wald. Sehenswürdigkeiten wie Hermannsdenkmal, Externsteine, Vogelpark, Adlerwarte und Freilichtmuseum. Wandern, Reiten, Schwimmen.

1 FH (bis 2 Pers. / 3 Zi.)	Endr.
Ü 35 €	25 €

Landhaus Blumengarten ★★★

Bangern 17+20, 32805 Horn-Bad Meinberg
Familie Mikus, Tel. 05234-3186, Fax 05234-820420
info@landhaus-blumengarten.de, www.landhaus-blumengarten.de

Ausstattung: DU, WC. TV, Internet-Anschluss. Teppichboden. Zimmer teilweise mit Balkon. Nichtraucherzimmer vorhanden. Wellness. Kostenlose Parkplätze am Haus.

Tiere: Hund 2,50 €/ Tag. Kleiner Vorrat an Hundefutter vorhanden. Decke, Fress- und Wassernäpfe, Hundetoilettenbeutel im Haus u. in der Umgebung vorhanden. Agility, Hundeschule, Hundetraining mit zertifizierter Hundetrainerin. Tiere dürfen sich generell frei bewegen. Angeleint im Hausbereich. Tiere vor Ort: Hunde, Katzen, Ponys, Esel

Behind. Einr: 2 rollstuhlgerechte Zimmer

Beschreibung: Tauchen Sie ein in die ländliche Natur des Teutoburger Waldes. Erleben Sie die vielfältigen Landschaften und entdecken Sie eine Fülle oft einmaliger Sehenswürdigkeiten. Unsere 17 komfortablen Zimmer sind modern, funktionell und geschmackvoll eingerichtet. Alle verfügen über Dusche/WC, Radio, Sat-TV, teilweise Fön, Balkon, Terrasse.

3 EZ	13 DZ	1 App.	HP / VP
ÜF 34 – 37 €	ÜF 62 – 68 €	a.A.	9 € / 15 €

Haus Dewenter

Zur Altenauquelle 30, 33165 Lichtenau-Blankenrode
Herr Hubert Dewenter , Tel. 02994 - 780, Fax: 02994-1562
info@haus-dewenter.de, www.haus-dewenter.de

Ausstattung: DU, Bad, WC. Radio, TV, WLAN. Glatte Böden. Zi. teilw. mit Balkon. Alles NRZ. Gutbürgerl. Küche. Kostenl. Parkplätze/Garagen gg. Gebühr.
Tiere: Pferde: Box mit/ohne Auslauf: 5 €/Tag; Hund: kostenlos. Pferdekoppel u. Heuvorrat vorh. Hund angeleint im Haus; im Frühstücksraum nicht erlaubt.Tiere vor Ort: Bauernhoftiere
Beschreibung: Im Naturpark Eggegebirge bei Freunden Urlaub machen. Zahlreiche Wandermöglichkeiten.

7 EZ	12 DZ	2 MB	HP / VP
ÜF ab 25 €	ÜF ab 50 €	a.A.	4 € / 8 €

Hotel-Pension-Mariann

Wilhelm-Ortloff-Weg 6, 34537 Bad Wildungen
Th. und K. Fohmann, Tel. 05621-4100, Fax 05621-91798
info@hotel-pension-mariann.de, www.hotel-pension-mariann.de

Ausstattung: DU, WC. Tel., TV. NRZ vorh., Balkon, Teppichboden. Abendessen auf Vorbest. im Speiseraum mit Wintergarten. Separater Freizeitraum mit Billard. Massagen, Freilandschach, Federball. Fewo: Brötchen-Bringdienst.
Tiere: Hund/Katze je 4 €/ Tag. Tiere angeleint im Hausbereich. Kein Zutritt zum Frühstücksraum/Restaurant. Tiere vor Ort: Katzen.
Beschreibung: Vierbeiner-Reha-Zentrum 500m. Mittelalterliche Altstadt. Nationalpark Kellerwald-Edersee. Hausprospekt vorhanden.

6 EZ	6 DZ	4 MB	4 Fewo (4 x 2 Zi.)	HP
ÜF 28 - 39 €	ÜF 38 - 76 €	a.A.	Ü / ÜF 46 – 58 Euro / weit. Pers. 8 Euro	7 €

Landhaus Henkel ★★★★

Dorfstr. 7, 36419 Reinhards/Rhön
Familie Henkel, Tel. 06657-919210, Fax: 06657-919212
landhaus.henkel@web.de, www.landhaushenkel.de

Ausstattung: DU, WC. KÜ, Backofen. Radio, TV. Glatte Böden. Teilw. mit Balkon/Terrasse. Nichtraucherhaus. Kostenlose Parkplätze am Haus.
Tiere: Max. 3 Hunde: 3€/Tag; Katzen: 3 €/Tag. Tiere dürfen sich frei bewegen. Eingezäuntes Grundstück: 250 m². Zaunhöhe: 1 m. Nächster Golfplatz mit Zugang f. Hunde: 10 km.
Beschreibung: Ferienhaus und Fewo im Biosphärenreservat Rhön. Natur pur. Ortsrandlage im Grenzbereich Hessen/Thüringen.

1 FH (max. 6 Pers., 2 SZ)	1 FeWo (2 - 3 Pers., 1 SZ)	Endr.
2 Pers. Ü 70 €/weit. Pers. 12 €	2 Pers. Ü 40 €/weit. Pers. 12 €	30 - 50 €

Restaurant + Pension Kruse

Lessingstraße 1, *37308 Heilbad Heiligenstadt*
Familie Kruse, Tel. 03606-612575, Fax 03606-607684
info@pension-kruse.de, www.pension-kruse.de

Ausstattung: DU, Bad, WC, TV, Internet. Glatte Böden, Teppichboden, teilweise Balkon. NRZ, Restaurant. Kostenlose Parkplätze.
Tiere: Hunde/Katzen kostenlos. Vorrat an Katzenfutter. Tiere dürfen sich frei bewegen. Angeleint im Hausbereich. Automaten mit Hunde-Toilettenbeutel. Tiere vor Ort: Katze
Beschreibung: Gemütliche familiäre Pension in ruhiger Ortsrandlage, Waldnähe. Siehe auch Internetbeschreibung.

5 EZ (DZ o. MB als EZ)	4 DZ	MB (bis 3 Pers.)	HP
ÜF 25 – 38 €	ÜF 42 – 52 €	ÜF 78 €	10 €

Residenz Sachsensteinblick

Waldaumweg 9-9b, *37441 Bad Sachsa*
Tel. 05523-9530, Fax: 05523-953200
sachsensteinblick@t-online.de, www.sachsensteinblick.de

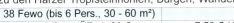

Ausstattung: DU o. Bad, WC. KÜ. TV. Teppichböden, z.T. Balkon. Spaßbad mit Sauna, Solarium. Brötchen-Bringdienst.
Tiere: Hund; 5 €/Tag. Tiere dürfen sich frei bewegen. Angeleint im Hausbereich. Hundetoilettenbeutel in der Umgebung vorhanden.
Beschreibung: Ruhige Waldrandlage im Harz, Skiparadies am Hausberg Ravensberg, Skilift, 10 min Fußweg in die Stadt. Ausflüge zu den Harzer Tropfsteinhöhlen, Burgen, Wandern, Golf.

38 Fewo (bis 6 Pers., 30 - 60 m²)	F
bis 2 Pers. ÜF ab 29 €	7,50 € / Kinder 5,50 €

Hotel Wartburg ★★

Rennelbergstr. 12, *38114 Braunschweig*
Frau Rösel, Tel. 0531-590170, Fax: 0531-5901710
info@hotelwartburg.de, www.hotelwartburg.de

Ausstattung: DU, WC. Tel., TV. Teppichböden. Lift, reichhaltiges Frühstücksbuffet. Kostenlose Parkplätze/Garage gg. Gebühr.
Tiere: Hund/Katze je 5 €/Tag. Kleintiere a.A. Willkommensleckerli, Körbchen, Näpfe. Tiere dürfen sich frei bewegen. Angeleint im Hausbereich.
Kinder: Spaßbad, Spielplatz
Beschreibung: Familiär geführtes Haus seit 1948 in ruhiger, zentraler Lage. Burgplatz, Dom, zahlreiche mittelalterliche Sehenswürdigkeiten 10 min entfernt. Hausprospekt vorhanden.

10 EZ	10 DZ	5 MB (=DZ)
ÜF 50 - 75 €	ÜF 75 - 105 €	a.A.

Frauenpension Arleta

Am Nordberg 7, *38644 Goslar*
Doris Möglich, Tel./Fax: 05321-25323
pension.arleta@web.de, www.frauenpension-arleta.de

Ausstattung: DU, Bad, WC. Internet. Teppich. NRZ. Massagen. Vegetar. Gerichte a.A.; Tagungen möglich. Wandern, Radfahren, Skilanglauf.
Tiere: Pferd a.A., kl. Pferdefuttervorrat; Hund 5 €/Tag. Willkommensleckerli, Näpfe. Angeleint im Haus. Tiere vor Ort: Hund, Katze
Behind. Einr.: 2 rollstuhlgerechte Zimmer
Beschreibung: Ruhig und idyllisch am Waldrand im Landschaftsschutzgebiet gelegen. Reitschule in der Nähe

3 EZ	3 DZ	1 MB
ÜF 39 - 45 €	ÜF 62 - 79 €	ÜF 89 - 99 €

DEUTSCHLAND

Ferienwohnung HARZgeNUSS

Kohlgartenstr. 65, 38855 Wernigerode
Fam. Kelber, Tel. 03943-44664, Fax 03943-407935
kelber.wr@t-online.de, www.fewo-harzgenuss.de

Ausstattung: DU, Bad, WC, Waschm./Trockner a.A. KÜ, Mikrow., Spülm., Backofen. Radio, TV. Gl. Böden/Teppich, NRW, gr. Flur. Liegewiese, Grill, Gartenmöbel, PKW-Stellplatz.
Tiere: Max. 3 Hunde/3 Katzen; je 5 €/Tag. Kleintiere a.A. Eingezäuntes Grundstück. Angeleint im Objektbereich. Tiere vor Ort: diverse
Kinder: Kinderbetreuung (a.A.), Hochstuhl, Kinderbetten, Wildpark Christianental (5 km)
Beschreibung: Naturnahe, sehr gepflegte Fewo im sanierten Fachwerkhaus (1. OG). Schloss, Dt. Fachwerkstraße, Wandern, Wintersport im Harz. Wald u. Wiesen 0,5 km.

1 Fewo (104 m²; bis 6 Pers.)
Ü 79 - 99 €

Schloßvilla Derenburg ★★★

Schloßstraße 15, 38895 Derenburg
André Diezel, Tel. 039453-6780, Fax 039453-67850
info@schlossvilla-derenburg.de, www.schlossvilla-derenburg.de

Ausstattung: Bad, DU, WC. TV, Telefon, Internetzugang auf dem Zimmer. Restaurant: regionale, Gourmetküche. Tagungen / Seminare (bis 40 Pers.) möglich. Sauna, Dampfbad, Whirlpool, Massage- und Beautybehandlungen. Ausleihe von Fahrrädern. Hoteleigener Parkplatz.

Tiere: Hund pauschal 7,50 €. Katze pauschal 5 € (für Endreinigung). Kleiner Vorrat an Hundefutter. Tiere dürfen sich frei bewegen. Tiere vor Ort: Hunde.

Beschreibung: Jugendstilvilla mit beeindruckender Architektur inmitten eines naturbelassenen Parks. Zentrale Lage im nördlichen Harzvorland. Günstig gelegen für Ausflüge in die nahegelegenen Städte Halberstadt, Wernigerode, Blankenburg und Quedlinburg. Altenburg in Langenstein, Derenburger Glasbläserei. Waldnähe, ideal für Hund und Herrchen. Hausprospekt vorhanden

13 EZ (ist DZ)	13 DZ	1 MB	1 Suite	HP / VP
ÜF 55 - 66 €	ÜF 82 - 100 €	a. A.	a. A.	a. A.

Landhotel Bartmann ★★★

Bracht 3, 48324 Sendenhorst
Alfons Bartmann, Tel. 02526-1228, Fax 02526-4675
info@landhotel-bartmann.de, www.landhotel-bartmann.de

Ausstattung: DU, Bad, WC, Fön, Kosmetikspiegel. TV, Radio, Telefon, Internet. Safe, Teppich. Nichtraucherhotel. Restaurant. FeWo: Mikrowelle, Backofen, Balkon, Waschmaschine. Brötchen-Bringdienst. Kostenlose Parkplätze.
Tiere: Pferd: Box 15 €/ Tag. Hund/Katze; 5 €/Tag. Fress-/Wassernäpfe. Tiere dürfen sich frei bewegen.
Kinder: Spielplatz, Spielwiese
Beschreibung: Ruhige Alleinlage zwischen Wiesen und Wäldern.

2 EZ	9 DZ	1 MB	3 App.	3 FeWo (2x1, 1x2 Schlafzi.)	HP
ÜF ab 65 €	ÜF ab 95 €	a.A.	a.A.	bis 3 Pers. ÜF 75 - 120 € / weit. Pers. 10 €	16 €

DEUTSCHLAND

Landhaus Holthöge ★★★★

Holthöge 7, 49699 Lindern
Mechthild Remmers, Tel. 05957-965669, Fax: 05957-965663
info@landhaus-holthoege.de, www.landhaus-holthoege.de

Ausstattung: DU, Bad, Waschm., Trockner, WC. KÜ, Spülm., Mikrow. Radio, TV. Gl. Böden. Kamin. Terrasse/Grill. Brötchen-Bringdienst. Wäscheservice.
Tiere: Max. 2 Pferde; Box/Auslauf 10 €/Tag. Kl. Pferdefuttervorrat. Hund/Katze kostenlos. Tiere dürfen sich frei bewegen, außer im SZ.
Kinder: Hochstuhl, Kinderbett, Spielsachen, Spielgeräte
Beschreibung: Modernes Landhaus im Fachwerkstil, ruhige Lage, mit Pferdekoppel und großem Grundstück. Wandern, Radfahren.

1 FH (2 - 6 Pers. / 3 SZ)
bis 2 Pers. Ü 60 € / weit. Pers. 10 €

Landhaus Hubertushof ★★

Kuhfehnweg 12, 49716 Meppen
Claudia Wewers, Tel. 05932-2904, Fax 05932-903004
info@landhaus-hubertushof.de, www.landhaus-hubertushof.de

Ausstattung: DU, WC. Tel., TV, Fax-Anschluss. Teppich. NRZ. Rest.: gutbürgerl. Küche., Bar. Seminare/Feiern mgl., Kaminlobby, Gartenterrasse. Kostenl. Parkpl.
Tiere: Hund 6-10 €/Tag. Willkommensleckerli. Tiere angeleint im Haus/Rest. Kein Zutritt z. Frühst.raum. Tiere vor Ort: Hund, Katze, Gänse
Behind. Einr.: rollstuhlgerechtes DZ
Beschreibung: Treffpunkt für Naturliebhaber, Radler u. Wanderer.

4 EZ	7 DZ
ÜF 49 €	ÜF 80 €

Oma's Eifelhaus ★ ★ ★

Kempensiefen 13, 53902 Bad Münstereifel-Wald
Ingrid Hogenbirk, Tel. 0031-512-517993, ingridhogenbirk@gmail.com,
www.chalet.nu/ferienwohnung-deutschland/DE-193.html

Ausstattung: DU, Bad, Waschm., WC. KÜ, Mikrow. 2 SZ. Radio, TV, CD-/DVD-Player. Glatte Böden. Terrasse. Kleine Bibliothek mit Computer. Wäscheservice. Kostenlose Parkplätze.
Tiere: Max. 2 Hunde/2 Katzen; jeweils 5 €/Tag. Näpfe, Katzentoilette u. 2 Hundezwinger vorh. Tiere dürfen sich frei bewegen. Eingezäuntes Grundstück 1250 m² / Zaunhöhe: 1,50m.
Kinder: Schaukel, Schwimmbad (9km), Phantasialand (30km), Video, Computerspiele
Beschreibung: Idyllisch gelegen zwischen den sanften Bergen der Eifel im kleinen Dorf bei Bad Münstereifel. Glasbläserei, Golfplatz, Reiten im Ort.

1 Fewo (max. 5 Pers.)	Endr.
Ü 45 €	35 €

Hotel - Pension Kelterhaus

Moselstraße 39, 54518 Osann-Monzel
M. Brösch, Tel. 06535-433/o. -949423, Fax 06535-1415/o. -949650
info@kelterhaus.de; www.kelterhaus.de

Ausstattung: DU, Bad, WC. TV. Gefliese Böden, teilw. Minibar, teilw. Balkon. Restaurant, Bar. Kostenlose Parkplätze am Haus.

Tiere: Hunde, Katzen kostenlos. Tiere dürfen sich frei bewegen. Angeleint im Hausbereich. Tiere vor Ort: Hund

Beschreibung: Gemütliche Gästezimmer und Ferienwohnungen auf dem Weingut. Weinprobe, Weinverkauf und Unterhaltungsmöglichkeiten. Hausprospekt vorhanden.

EZ	4 DZ	4 MB	4 Suiten	4 App.	HP
ÜF ab 32 €	ÜF ab 54 €	a.A.	a.A.	a.A.	13 €

Hotel Gambrinus ★ ★ ★ ★

Am Steffensberg 27, 56850 Enkirch/Mosel
Küchenmeister H. Münster, Tel. 06541-4141, Fax: 06541-5662
info@hotel-gambrinus.de, www.hotel-gambrinus.de

Ausstattung: DU, WC. Radio. TV. Laminatböden. Restaurant: gutbürgerl. Küche, vegetar. Gerichte. Kulinarische Weinproben a.A. Kostenlose Parkplätze.
Tiere: Hund/Katze kostenlos. Willkommensleckerli. Körbchen, Decke, Näpfe. Tiere dürfen sich frei bewegen. Angeleint im Hausbereich u. Restaurant. Hundetoilettenbeutel vorhanden. Hundeschule im Ort.
Beschreibung: Gemütliches Familienhotel in Wein- und Moselgemeinde Enkirch. Radfahren, Wandern, Schifffahrten auf der Mosel.

12 DZ	HP
ÜF 27 - 34 €	15 €

Pension Schmelzhütte

Schmelzhütte, **57319 Bad Berleburg-Girkhausen**
Elisabeth Tönges, Tel. 02758-277, Fax 02758-1296
ittze@t-online.de, www.schmelzhuette.de

Ausstattung: DU, WC. Kaminzimmer mit TV. Terrasse mit Grillplatz. Liegewiese, Bauernladen. Rest.: regionale Küche. Wohnmobilstandsplätze. Großer Spielplatz.
Tiere: Pferd/Box 6 €/Tag, Box/Auslauf 9 €/Tag; Hund 2 €/Tag, Katze 1 €/Tag. Tierfuttervorrat. Tiere dürfen sich frei bewegen. Angeleint im Hausbereich. Vor Ort: Bauernhoftiere
Beschreibung: Ruhiges, idyllisch gelegenes Haus im Naturpark Rothaargebirge. Wandern, Reiten, Angeln, Biking, Skifahren, Rodeln.

1 EZ	4 DZ	1 MB	HP / VP
ÜF 25 €	ÜF 50 €	25-30 € / a.A.	8 € / 16 €

Ferienwohnungen im Westerwald

Rosenheimer Str. 5, **57629 Luckenbach**
Frau Philipps, Tel. 2662-940487; mobil 0171-8845728
philippsjutta@aol.com, www.ferienwohnungen-westerwald.com

Ausstattung: DU o. Bad, WC. KÜ, Mikrow., Spül-/Waschm., Backofen. Radio, TV. Kaminofen. Gl. Böden/Teppich. Balkon, Garten, Terrasse. Kostenl. Parkplätze.
Tiere: Alle Tiere kostenlos. Willkommensleckerli, Körbchen, Decke, Näpfe, Katzentoiletten, Kratzbäume. Tiere dürfen sich frei bewegen. Z.T. eingezäuntes Grundstück. Tiere vor Ort: Katzen.
Kinder: Schaukel, Rutsche, Spielwiese
Beschreibung: Tierfreundliche Unterkünfte mit 16.000 m² Auslauf.

1 FH (5 SZ)	4 Fewo (2 - 3 SZ)
bis 10 Pers. Ü 55 – 70 €	bis 4 Pers. Ü 35 - 50 €

Hotel zur Post

Postweg 1, **57647 Nistertal**
Dagmar Jacobs, Tel. 02661-2126, Fax 02661-40411
jacobs@hotel-zur-post-nistertal.de, www.hotel-zur-post-nistertal.de

Ausstattung: DU, WC. Tel., TV. Teppichboden, z.T. Balkon, Safe. NRZ vorh., Restaurant mit Kamin. Fernsehraum, Sonnenterrasse, Liegewiese. Tagungen mgl. Kostenlose Parkplätze.
Tiere: Hunde/Katzen kostenlos. Kleintiere a.A. Willkommensleckerli, Körbchen, Decke, Näpfe, Vorrat an Tierfutter. Angeleint im Hausbereich. Vor Ort: Hunde, Hühner, Tauben
Kinder: Baby-/Kinderbett, Babyphone, Spielzeug, Damwildgehege am Westerwaldsteig
Beschreibung: Erstes Wanderhotel im Westerwald am Europawanderweg 1, romantisch im ruhigen Ortskern gelegen. Reiten, Schwimmen, Angeln, Golfen, Tennis, Skilanglauf.

1 EZ	11 DZ	1 MB	HP / VP
ÜF 18 - 30 €	ÜF 31 - 65 €	a.A.	12,50 € / 19,50 €

Enjoy-Hotel Brilon

Rübezahlweg 17, 59929 Brilon-Gudenhagen
Fam. Ströthoff-Derksen, Tel. 02961-2705, Fax: 02961-2705
brilon@enjoyhotels.de, www.enjoyhotels.de/brilon

Ausstattung: DU, Bad, WC. Tel., Sat-TV, WLAN. Sitzecke, teilw. Balkon, Liegewiese. Biergarten, Caféterrasse, Bar, Rest.: regionale u. Gourmetküche. Kegeln. Sauna, Whirlpool, Sonnen-/Massagebank, Infrarotkabine, Fitnessgeräte. Dialysestation (1 km). Kegelabende. Stadtführungen/ Tagesfahrten mgl. "AquaOlsberg - Die Sauerlandtherme" - einzigstes Solebad im Sauerland mit konsequenter Bedienung der Themen Kneipp/ Wellness/ Gesundheit inkl. Spass und Bewegung im Sole-Kneippbereich, Waldsauna und Freizeitbad.

Tiere: Max. 2 Hunde/1 Katze; je 4 €/Tag. Willkommensleckerli, Näpfe, Spielzeug, kleiner Futtervorrat vorh. Hundemenüs. Hundeschule. Angeleint im Restaurant erlaubt. 1500 m² eingezäuntes Grundstück. Zaunhöhe 1 m. Golfen mit Hund in der Nähe. Tiere vor Ort: ein Hund

Beschreibung: Komfortables, verkehrsgünstig und in absoluter ruhiger Waldrandlage gelegenes Haus in einer der waldreichsten Gegenden Deutschlands. Golfplatz und Reiterhof in der Nähe. Waldfreibad, Lagunenthermalbad, Sommerrodelbahn, Glasbläserei, Wildpark, Eislaufhalle, Schieferbergwerk u.v.m. Wandern direkt vom Hotel aus zu den verschiedenen Etappen des Rothaarsteiges (Weg der Sinne).

4 EZ	10 DZ	1 Suite	HP
ÜF ab 58 €	ÜF ab 108 €	ab 64 € / Pers.	15 €

Hotel Brombach ★★★

Oberstraße 6, 59964 Medebach
Astrid Brombach, Tel. 02982-8570, Fax 02982-3452
hotel-brombach@t-online.de, www.hotel-brombach.de

Ausstattung: DU, WC. Radio/TV, z.T. Telefon, Internet. Minibar, Teppich, Safe, NRZ. Restaurant, Bar. Lift, Wellness. Kostenlose Parkplätze.
Tiere: Hund kostenlos. Willkommensleckerli, Näpfe. Tiere angeleint im Hausbereich. Tiere vor Ort: Hunde
Kinder: Spielecke, Spielplatz am Haus
Beschreibung: Herrliche Wanderwege führen durch die schöne Natur. Kostenloses Buswandern für Herrchen und Hund mit der "Sauerlandcard"!

9 EZ	9 DZ	1 MB	HP / VP
ÜF 29 €	ÜF 58 €	a.A.	14 € / 20,50 €

Waldhaus

Am Waldrand, 64711 Erbach
✉ D.Sonnenberg, Lessingstr. 68, 63762 Großostheim, Tel. 06026-6452,
d.sonne@web.de, www.user.osbabenhausen.de/sonnenberg/waldhaus.htm

Ausstattung: DU, WC. KÜ, Backofen. Radio, TV. Kaminofen. Nichtraucherhaus. Terrasse, Gartenhaus, Gartenmöbel, Grill. Garage am Haus

Tiere: Hund 3 €/Tag, Katze 2 €/Tag. Körbchen vorh. Eingezäuntes Waldgrundstück (1500 m²). Tiere dürfen sich frei im kompletten Objektbereich bewegen.

Beschreibung: Haus in ruhiger Alleinlage am Waldrand mit Panoramablick nach Süden in unverbauter Landschaft. Wildpark und Schwimmbad (4 km), Stausee (6 km).

1 FH (1 DZ und 2 EZ, 1 - 4 Pers.)		Strom	Endr.
1 - 2 Pers. Ü 35 - 45 € / weit. Pers. 10 €		nach Verbrauch	15 €

Hotel Kaiserhof ★★★

Goetheplatz 5-7, **65307 Bad Schwalbach**
Jens oder Michael Maaß, Tel. 06124-4061, Fax: 06124-2850
Hotel-Kaiserhof@t-online.de, www.hotel-restaurant-kaiserhof.de

Ausstattung: DU, WC. TV, Radio, Telefon, WLAN-Hotspot. Teppichboden. Teilweise Balkon. NRZ vorh. Restaurant: regionale, gutbürgerliche Küche. Weinstube: Gourmetküche. Rheingauweine. Kostenl. Parkplätze.
Tiere: Hund/Katze/Kleintier kostenlos. Vorrat an Hunde- und Katzenfutter vorhanden. Hundemenüs auf Anfrage. Willkommensleckerli, Fress-/Wassernapf, Hundetoilettenbeutel. Gassidienst, Tiersitterservice. Hundeschule im Ort. Hundephysiotherapie und Tier-Erste-Hilfe a.A. Tiere angeleint im Hausbereich und Restaurant. Eingezäuntes Grundstück. Zaunhöhe: 1m. Tiere vor Ort: Labrador, Dackel
Kinder: Spiele, Kindermenues, Kinderbett /-stuhl. Taunus-Wunderland 5 km, Indoor-Erlebnis-Spielplatz 2 km
Beschreibung: Unser Haus liegt direkt am Kurhaus und Kurpark in Bad Schwalbach. Zahlreiche Wanderwege beginnen von hier. Viele Sportmöglichkeiten in unmittelbarer Umgebung. Geniessen Sie die ungewöhnliche Vielfalt unserer Küche! Pauschalangebote für Mensch und Tier mit verschiedenen Themen. Örtlicher Hundeschulservice für Hotelgäste.

15 EZ	12 DZ	1 App.	HP / VP
ÜF 50-60 €	ÜF 80-90 €	a. A.	15 € / 25 €

Ferienpension Horberlehof ★★★★

Langenbach 31, **77709 Wolfach/Schwarzwald**
Luitgard Fahrner, Tel. 07834-6217, Fax 07834-8685850
horberlehof@gmx.de, www.horberlehof.de

Ausstattung: DU, Bad, WC. KÜ, Spül-/Waschmaschine, Backofen. Radio, TV, Telefon, WLAN. Gl. Böden. Balkon. Nichtraucherwohnung. Brötchen-Bringdienst. Kostenlose Parkplätze.
Tiere: Hund 3,50 €/Tag, Katze 2 €/Tag. Decke, Näpfe. Tiere dürfen sich frei bewegen außer Schlaf-/Frühstücksraum. Tiere vor Ort: Hunde, Damwild, Pferde, Schweine, Katzen, Kaninchen
Kinder: Baumhaus, Spielplatz, Spielgarage, Tischtennis, Dart, Billard
Beschreibung: Sehr schöne und ruhige Einzellage, inmitten eines reizvollen Wandergebietes im mittleren Schwarzwald. Kutschfahrten und Reiten, Forellenteich, Hausprospekt vorh.

1 FH	3 FeWo	2 App
2 - 5 Pers. Ü 32 - 60 € / weit. Pers. 9 € / weit. Kind 5,50 € (Gruppen bis 18 Pers. mgl.)		

Hotel Grüne Bettlad

Blumenstraße 4, **77815 Bühl/Baden**
Fam. Günthner, Tel. 07223-93130, Fax 07223-931310
info@gruenebettlad.de, www.gruenebettlad.de

Ausstattung: DU, Bad, WC. TV, Minibar, Safe. Restaurant (Ruhetage: So/Mo). Kostenlose Parkplätze.
Tiere: Hund 8-15 €/Tag. Tiere dürfen sich frei bewegen, angeleint im Hausbereich. Tiere vor Ort: Hund.
Beschreibung: Historisches 400 Jahre altes Fachwerkhaus mitten im Stadtzentrum in einer ruhigen Seitenstraße gelegen. Hausprospekt vorhanden.

5 EZ	6 DZ	1 Suite
ÜF 80 - 90 €	ÜF 110 - 130 €	ÜF 150 €

Best Western Premier Hotel Victoria ★★★★

Eisenbahnstraße 54, **79098 Freiburg i. Br.**
Y. Chutsch, A. Späth, Tel. 0761-20734-0, Fax 0761-20734-444
info@victoria.bestwestern.de, www.victoria.bestwestern.de

Ausstattung: DU, Bad, WC. Radio, Telefon, TV, WLAN. Parkettboden/Teppichboden. Minibar, Klimaanlage, Safe. Teilw. Balkon. NRZ vorhanden. Parkplätze und Garage gegen Gebühr.

Tiere: Haustiere 9 €/Tag. Willkommensleckerli, Fress-/Wassernapf, Hundetoilettenbeutel vorh. Tiersitterservice, Tiere angeleint im Hausbereich.

Kinder: Hochstühle, Babybetten, Spielkiste, Malbücher

Beschreibung: Schönes Stadthotel, besonders umweltfreundlich. Ruhige, liebevoll eingerichtete Zimmer. Große Cocktailbar "Hemingway" mit Smoker Lounge im Gewölbekeller.

15 EZ	52 DZ	3 MB	HP
ÜF 104 – 139 €	ÜF 132 – 193 €	a. A.	25 €

Pennartz-Hof ★★★

Talstrasse 4, **79341 Kenzingen-Nordweil**
Familie Pennartz, Tel. 07644-6224
urlaub@pennartzhof.de, www.pennartzhof.de

Ausstattung: Bad, Waschmaschine, 2 WC. KÜ, Backofen. 2 SZ. Radio, TV, CD-Player. Glatte Böden/Teppich. Offener Kamin. Wäscheservice. Garage kostenlos.
Tiere: Max. 2 Pferde: Box mit Auslauf 8 €/Tag. Kl. Pferdefuttervorrat. Max. je 2 Hunde/Katzen; kostenlos. Tiere dürfen sich frei bewegen. Eingezäuntes Grundstück. Tiere vor Ort: Pferd, Hund, Katzen
Beschreibung: Weindorf am Rande des Schwarzwaldes. Europapark, Reittouren, Wandern, Golf. Nähe zur Schweiz und Frankreich.

1 FH (bis 6 Pers.)	F
bis 2 Pers. Ü 38 € / weit. Pers. 4 €	a.A.

Stadt-Hotel Lörrach ★★★

Weinbrennerstr. 2, **79539 Lörrach**
Frau Thudichum, Frau Bork, Tel. 07621-40090, Fax: 07621-400966
info@stadthotel-loerrach.de, www.stadthotel-loerrach.de

Ausstattung: DU, WC. Tel., Radio, TV, WLAN. Teppichböden. Minibar, Safe, Klimaanlage. NRZ vorhanden. Lift. Parkhaus gegen Gebühr.
Tiere: Max. 2 Hunde / 2 Katzen kostenlos; Kleintiere a.A. Willkommensleckerli, Näpfe. Angeleint im Hausbereich/ Frühstücksraum.
Kinder: Babybett, Hochstuhl, Spielzeug
Beschreibung: Persönlich geführtes, komfortables Haus mit künstlerischem Ambiente. Günstige Lage im Dreiländereck D-CH-F.

DZ als EZ	28 DZ	2 App
ÜF 65 - 90 €	ÜF 85 - 115 €	a.A.

Auch das kleinste Katzentier ist ein Meisterwerk

Leonardo da Vinci 1452-1519

Hotel Waldwinkel ★★★

Schwimmbadweg 3, 79682 Todtmoos
Axel Stucke, Tel. 07674-92990, Fax 07674-929917
info@hotel-waldwinkel.de, www.hotel-waldwinkel.de

Ausstattung: DU, WC. Radio, Telefon, TV. Teppichboden. Teilweise Balkon. Restaurant. Kostenlose Parkplätze.

Tiere: Hund 4 €/Tag. Tiere dürfen sich frei bewegen. Angeleint im Hausbereich. Automaten mit Toilettenbeutel vorhanden.

Beschreibung: Dieses Haus liegt 300 m vom Ortskern entfernt, in ruhiger Lage beim Schwimmbad.

2 EZ	9 DZ	2 MB	HP / VP
ÜF 33 - 37 €	ÜF 62 - 76 €	ÜF 25 €	11 € / 19 €

Wochner's Hotel Sternen ★★★

Dresselbacher Straße 1, 79859 Schluchsee
Ingrid Wochner, Tel. 07656-98870, Fax 07656-988759
info@sternen-schluchsee.de, www.sternen-schluchsee.de

Ausstattung: Haarfön. Tel., Radio, Sat-TV. Mineralwasser, Teppichboden, teilw. Balkon, Lift. Alle Zimmer NRZ. Restaurant: gutbürgerliche Küche, Kaffee-Terrasse, Bierbar. Sauna, Solarium. Kleine Bücherei. Parkplätze/Garage gegen Gebühr.

Tiere: Hunde 3€/Tag, Kleiner Vorrat an Hundefutter vorhanden. Willkommensleckerli, Decke, Fress-/Wassernäpfe, Automaten mit Hundetoilettenbeutel vorhanden. Tiere dürfen sich frei bewegen. Angeleint im Hausbereich. Tiere vor Ort: Hund

Kinder: Kindermenüs, Malzeug, Hochstühle, Babybetten, Spielplatz.

Beschreibung: Zentral gelegenes Haus im heilklimatischen Kurort Schluchten. Großes Wandergebiet über 150 km. Vielfältige Wasser- und Wintersportmöglichkeiten – Schwimmen, Tauchen, Surfen, Segeln, Ski, Skilift, Schlitten/ Rodel. Ausflüge nach St. Blasien (Dom), Triberg (Wasserfälle), Freiburg, Titisee, Glottertal-Vogtsbauernhöfe.

7 EZ	22 DZ	1 MB	4 Suiten	HP
ÜF 44 - 48 € zzgl. Kurtaxe	ÜF 80 - 92 € zzgl. Kurtaxe	a.A.	a.A.	17 €

Hotel Gästehaus Englischer Garten

Liebergesellstr. 8, 80802 München
Roselinde Zankl, Tel. 089-3839410, Fax: 089-38394133
info@HotelEnglischerGarten.de, www.hotelenglischergarten.de

Ausstattung: Bad, WC. Telefon, TV. Safe. Teilw. Zimmer mit Balkon. Gl. Böden/Teppichb., Minibar, kostenl. Parkpl., Garage (Gebühr)

Tiere: Hund/Katze 8 € /Tag. Tiere angeleint im Hausbereich. Kein Zutritt zum Frühstücksraum. Eingezäuntes Grundstück.

Beschreibung: Englischer Garten direkt vor der Haustüre. Ideal zum "Gassi-Gehen", Boot fahren, Radfahren, Langlauf im Winter.

5 EZ	6 DZ	7 MB	20 App.	F
Ü 65 – 169 €	Ü 75 – 169 €	a.A.	Ü 89 – 163 €	9,50 €

Jankas Hotel ★★★★

Kienzerleweg 79, 82433 Bad Kohlgrub
Herr Kupfer / Neugebauer, Tel. 08845-7579907, Fax: 08845-7579908
info@jankas-hotel.de, www.jankas-hotel.de

Ausstattung: DU, Bad, WC. TV, Internet-Anschluss im Haus. Safe. Glatte Böden/Teppichboden, Balkon, NRZ. Lift, Restaurant: gutbürgerl. Küche. Feierlichkeiten nach Ihren Wünschen. Schwimmbad, Sauna, Dampfbad, Whirlpool, Massage-Studio, Pool. Kostenlose Parkplätze am Haus.

Tiere: Alle Tiere kostenlos. Tiere dürfen sich frei bewegen, angeleint im Hausbereich. Eingezäuntes Grundstück. Hundetoiletten u. Automaten mit Hundetoilettenbeutel in der Umgebung. Tiere vor Ort: Labrador

Beschreibung: Landhotel in traumhafter Landschaft am Fuße der Ammergauer Alpen. Wandern, Radfahren, Mountainbiking, Abfahrt- und Langlaufloipen. Zugspitze (30 min), Schloss Linderhof (20 min).

1 EZ	12 DZ	3 MB	HP / VP
ÜF 49 €	ÜF 98 €	a. A.	17,50 € / 30 €

Gästehaus Michael ★★★

Sonnenstraße 5, 82433 Bad Kohlgrub
M. Leis, Tel. 08845 - 205 5320, info@gaestehaus-michael-bad-kohlgrub.de
www.gaestehaus-michael-bad-kohlgrub.de

Ausstattung: DU, Bad. WC. KÜ, Mikrow., Backofen. Radio, TV. Teppichboden. Balkon. NR-Haus. Gartengrill, Terrasse, große Liegewiese. Bad/Wellness im Ort. Frühstücksservice.

Tiere: Max. 2 Hunde: jeweils 5 €/Tag / Kleintiere a.A.. Tiere dürfen sich frei bewegen. Hundetoilettenbeutel vorhanden.

Beschreibung: Ruhiges, familiär geführtes Haus am Ortsrand. Rad-, Ski- und Wanderwege vor der Tür. 5 min zur Hörnle-Sesselbahn.

1 Fewo (2-7 Pers. / 4 SZ)	1 App.	2 DZ	1 MB	F
2 Pers. Ü 58 € / weit. Pers. 20 €	Ü 48 €	Ü 50 €	Ü 18€/Pers.	7 €

Alter Ziehbrunnen

Bergstraße 30, 83093 Bad Endorf
Fam. Remmelberger, Tel. 08053-30750, Fax 08053-307510
spass@ziehbrunnen.de, www.ziehbrunnen.de

Ausstattung: DU, WC. Radio, Telefon, TV, WLAN. Teppichboden, teilw. Balkon, Restaurant. FeWo: Bad, WC, Waschmaschine. KÜ, Spülmaschine, Mikrowelle, Backofen. Radio, TV. Glatte Böden / Teppichböden, Kamin, Balkon, Brötchen-Bringdienst. Kostenlose Parkplätze.

Tiere: Hund kostenlos. Tiere dürfen sich frei bewegen. Tiere vor Ort: Hund

Beschreibung: Ortsrandlage. Schöne Wandermöglichkeiten. Seenplatte 3 km entfernt, Jod-Thermal-Quelle ca. 1km. Restaurant nur für Hausgäste.

5 EZ	5 DZ	2 MB	1 Suite	1 FeWo (max. 6 Pers.)	HP / VP
ÜF 30 - 38 €	ÜF 60 - 80 €	a.A.	a.A.	bis 2 Pers. ÜF 75-80 €/ weit. Pers. 5 €	15 € / 23 €

Die Sache der Tiere steht höher für mich als die Sorge, mich lächerlich zu machen, sie ist unlösbar verknüpft mit der Sache der Menschen.

Emile Zola 1840-1902

Beim Draxl ★★★★★

Blindenauer Str. 44, *83242 Reit im Winkl*
Elisabeth & Hubert Heistracher, Tel. 08640-1570, Fax: 08640-1312
Beim.Draxl@t-online.de, www.familie-heistracher.de

Ausstattung: DU, Bad, WC. Küche, Spülmaschine, Mikrowelle, Backofen. TV, Radio. Teppiche und Fliesen. Alle Wohnungen mit Balkon. Nichtraucherwohnungen vorh. Sauna, Solarium, Wäscheservice, Brötchenbringdienst. Kostenlose Parkplätze am Haus.

Sonstiges: Liegewiese, Tischtennis, Skilanglauf, Snow Tubbing, Radfahren, Schwimmen

Tiere: Alle Tiere kostenlos. Vorrat an Hunde- und Katzenfutter, Körbchen, Näpfe, Hundetoilettenbeutel vorh. Tiere dürfen sich generell frei bewegen mit Ausnahme von Kinderspielplatz und Liegewiese. Hundetoiletten in der Umgebung vorhanden. Tiere vor Ort: Bauernhoftiere

Kinder: Spielplatz, Pool, Fussballplatz, Rodelbahn, Streichelzoo

Behind. Einr.: 1 rollstuhlgerechte FeWo

Beschreibung: 5-Sterne-Gästehaus in sehr ruhiger, sonniger Lage. Freier Zugang und Blick in die vorgelegenen Wiesen und umliegenden Berge. Ganzjährige Vermietung. Zentraler Ausgangspunkt für viele Wander- und Ausflugsmöglichkeiten. Loipen, Rodelbahn und Wanderwege direkt am Haus. Hausprospekt vorhanden.

DEUTSCHLAND

6 FeWo (2 - 6 Pers.)	Endr. u. Kurtaxe	Vor-u. Nachsaisonpreise
Ü 30-120 €	a.A.	a.A.

Haus Sonnenbichl

Kreisstraße 2, OT Irlahüll, *85110 Kipfenberg*
Anne Baumeister, Tel. 08465-3147
www.kipfenberg. de, siehe örtl. Gastgeberverzeichnis

Ausstattung: DU, WC. KÜ, Mikrow., Backofen. Radio. TV. Kamin. Teppichboden, Balkon. Separater Eingang, große Terrasse, Spiele, Gartenmöbel, Grill, 2 Fahrräder. Kostenl. Parkpl.
Tiere: Hunde kostenlos. Willkommensleckerli, Körbchen, Fress-/Wassernäpfe vorhanden. Tiere dürfen sich frei bewegen.
Behind. Einr.: eine rollstuhlgerechte Ferienwohnung
Beschreibung: Rustikale Komfort-FeWo in ruhiger u. sonniger Höhenlage (530 m) am Ortsrand von Irlahüll im Naturpark Altmühltal. Badesee 3 km. Radfahren, Wandern.

1 Fewo (2 Zi., 60 m², 1-2 Pers.)
Ü 39 €

Haus Panorama ★★★★

Hornweg 8, 87466 Oy-Mittelberg
Familie Reichardt, Tel. 08366-650, Fax: 08366-1036
info@hauspanorama.de, www.hauspanorama.de

Ausstattung: DU, WC, Waschmaschine. KÜ, Spülmaschine, Mikrowelle, Backofen. TV, Tel., Radio, WLAN. Teppich. Balkon. NRW vorhanden. Hallenbad. Kostenl. Parkplätze. Garage gegen Gebühr.

Tiere: Hund/Katze 5 €/Tag. Tiere dürfen sich frei bewegen, außer im Schlafzimmer. Angeleint am Spielplatz. Hundetoiletten u. Automaten mit Hundetoilettenbeutel in der Umgebung.

Kinder: Spielplatz, Freischach, Dart, Tischtennis, Roller, Bobbycar

Beschreibung: Erholung auf 1036 m. Hallenbad. Zugspitzblick. Kinderparadies. Wandern, Biken. Schloss Neuschwanstein.
- Daheim sein im Allgäu - .

4 Fewo (3 Zi/ bis 6 Pers.)	2 Fewo (2 Zi/ bis 4 Pers.)
Ü 44 - 83 €	Ü 41 - 68 €

Gästehaus Himmeleck

Konstanzer Str. 16, 87534 Oberstaufen
Klaus Klauser, Tel. 08325-237, Fax: 08325-9794
info@himmeleckde, www.himmeleck.de

Ausstattung: DU, Bad, WC. TV. Gaststube, Garten, Grillplatz. Zimmer teilweise mit Balkon. Wellness-Oase mit Sauna, Rasulbad und Massagemöglichkeiten. Heilpraktikerpraxis im Haus. Kostenlose Parkplatze.

Tiere: Max. 2 Hunde kostenlos. Kleintiere a.A. Fress- und Wassernapf vorhanden. Tiere dürfen sich frei bewegen. Angeleint im Hausbereich/Gaststube. Eingezäuntes Grundstück. Zaunhöhe: 60 cm. Vor Ort: ein Mischlingsrüde

Beschreibung: Ruhig und zentral gelegenes, typisch allgäuerisches Haus zwischen Staufen und Immenstadt. Genießen Sie die Alpsee-Bergwelt zu allen Jahreszeiten. Schwimmen, Wandern, Wintersport. Königsschlösser und Bodensee in der Nähe.

7 DZ als EZ	7 DZ	1 App. (bis 3 Pers.)
ÜF 30 - 40 €	ÜF 60 - 80 €	2 Pers. ÜF 60 - 80 €

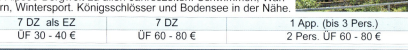

Das Wirtshaus Landgasthof

Reichenbach 8, 87561 Oberstdorf
Frau Kristina Glaab, Tel. 08326-7923, Fax: 08326-7923
nfo@daswirtshaus-allgaeu.de, www.daswirtshaus-allgaeu.de

Ausstattung: DU, Bad, WC. KÜ, Mikrowelle. Radio. TV, WLAN, CD-Player. Teppichböden. NRZ vorhanden. Restaurant. Garten. Kostenlose Parkplätze. Fewo: Balkon, Wäscheservice, Brötchen-Bringdienst, Frühstück möglich.

Tiere: Hund kostenlos/Kleintiere a.A.. Tiere dürfen sich frei bewegen. Angeleint im Hausbereich und Restaurant. Hundetoilettenbeutel vorhanden. Tiere vor Ort: Hund

Beschreibung: Familiär geführter Landgasthof inmitten der reizvollen Landschaft des Oberallgäus. Wanderwege direkt am Haus. Beste Aussichten für Köstlichkeiten im hauseigenen Restaurant.

3 DZ (bis 3 Pers.)	2 FeWo (bis 6 Pers.)
2 Pers. ÜF 44 € / weit. Pers. 12 - 18 €	2 Pers. Ü 48 € / weit. Pers. 14 €

Haus Auerhahn

Wäldlestraße 31, 87568 Hirschegg/Kleinwalsertal
Ute und Jörg Hallermann, Tel. und Fax: 0043-5517-6816
haus.auerhahn@gmx.de, www.haus-auerhahn.de

Ausstattung: DU, WC. KÜ. TV, Radio. Zi. mit Blick auf Kanzelwand und Hammerspitze. Terrasse/Balkon. Teppich. Tischtennis, Wandern, Wintersport.

Tiere: Hund 2€/Tag, Katze 1€/Tag. Vorrat an Tierfutter. Näpfe, Decke, Hundetoilettenbeutel. Tiere dürfen sich frei bewegen.

Beschreibung: Ruhig gelegen. Umgeben von Wald und Wiese. Liegen und Kaffeeplätze vorh. Kostenlose Rückfahrt mit dem Bus.

2 Fewo (28 m², 1 Zi. / 1 - 3 Pers.; 50 m² / 2 - 6 Pers., 2 Zi.)	Endr.
2 - 4 Pers. Ü 29 - 55 € / weit. Pers. 6 €	20 €

DEUTSCHLAND

Appartementhotel Seespitz ★★★ / ★★★★

Pfrontener Straße 45, 87629 Füssen-Weißensee
Jörg Altmann, Tel. 08362-38899, Fax 08362-38890
info@seespitz.com, www.seespitz.com

Ausstattung: DU, Bad, WC. KÜ. Radio, TV, Internet-Anschluß im Haus / WLAN. Teppichböden. Safe, Lift. Restaurant: italienische Küche, Frühstücksbuffet, Bar. Wellness, Fitness. Alle Zimmer sind Nichtraucherzimmer und mit Balkon. Kostenlose Parkplätze und Garagen am Haus.

Sonstiges: Seelage, Liegewiese, Hallenbad, Tischtennis, Billard, Radfahren, Wandern, Bergtouren, Motorrad-Urlaub.

Tiere: Hund, Katze; einmalig 40 €. Willkommensleckerli, Hundetoiletten, Automaten mit Hundetoilettenbeutel vorhanden,Tiere dürfen sich frei bewegen. Angeleint im Hausbereich. Eingezäuntes Grundstück, Hundestrand, Tiere vor Ort: Dackel

Kinder: Kinderbetreuung in unserem Kindergarten, Spielplatz

Beschreibung: Ihr Appartementhotel Seespitz ist direkt am Ufer des Weißensees in einem Landschaftsschutzgebiet im Allgäu gelegen. Vom Balkon enfaltet sich Ihnen ein Gebirgspanorama mit Blick auf die Gipfel von Tegelberg, Hoher Strausberg und Säugling. Vielfältiges kulturelles Angebot in Füssen und Umgebung. Interessante Sehenswürdigkeiten (u.a. Schloss Neuschwanstein). Ausflüge nach Österreich.

Kurz: Ihr Urlaubstraum im Allgäu!

1 EZ	8 DZ	24 App.
ÜF 72,50 €	ÜF 95 - 150 €	ÜF 90 - 180 €

Hotel Krone

Balthasar-Neumann-Straße 9, *91327 Gößweinstein*
Dominika Brendel, Tel. 09242-207, Fax 09242-7362
krone-goessweinstein@t-online.de, www.krone-goessweinstein.de

Ausstattung: DU, WC, z.T. Etagenbad mit WC. Sat-TV. Teppich. Restaurant-Café, Terrasse, Aufenthaltsräume. Kinderermäßigung. Grillplatz. Kostenlose Parkplätze.

Tiere: Hunde/Katzen; kostenlos. Decke, Fressnäpfe. Tiere angeleint im Hausbereich, Frühstücksraum und Restaurant. Eingezäuntes Grundstück. Tiere vor Ort: Katzen, Hühner

Beschreibung: Traditionell geführter Gasthof im Herzen der Fränkischen Schweiz mit Blick auf Basilika. Wandern, Tennis, Angeln, Sommerrodelbahn. HP und VP mit 3-Gang-Menü.

4 EZ	20 DZ	6 MB	6 FH (bis 10 Pers.)	HP / VP
ÜF 24 - 38 €	ÜF 40 - 60 €	ÜF 60 - 112 €	a.A.	14 € / 22 €

Reiterhof Altmühlsee FN-Prüfzeichen

Mooskorb 21, *91710 Gunzenhausen-Wand*
Jörg Schwarz, Tel. 09831-6762-0, Fax: 09831-6762-95
info@hotel-altmuehlsee.de, www.reiterhof-altmuehlsee.de

Ausstattung: DU, Bad, WC. TV, Telefon, Internet. Gl. Böden/Teppichboden, Balkon, NRZ, Restaurant, Lift, Wellness, Fitness, Sport. Kostenlose Parkplätze.
Tiere: Hund; 8 €/Tag. Pferd: Box 15 €/Tag. Vorrat an Pferdefutter. Tiere dürfen sich frei bewegen. Pferdekoppel, Reitschule. Tiere vor Ort: Bauernhoftiere (Pferde, Ponys, Hunde, Katzen, Stallhasen)
Beschreibung: FN-anerkannter Reitstall. Familiäres Hotel. Ebene Lage am See. Wander-, Rad-, Reitwege. Ruhige Ortsrandlage.

7 EZ	13 DZ	6 MB	12 Fewo (2 - 6 Pers.)	HP
ÜF 47 €	ÜF 82 €	a.A.	Ü 63 - 110 €	13 €

Parkhotel Altmühltal ★★★★

Zum Schießwasen 15, *91710 Gunzenhausen*
Benedikt Lifka, Tel. 09831-5040, Fax 09831-89422
info@aktiv-parkhotel.de, www.aktiv-parkhotel.de

Ausstattung: DU, Bad, WC. Radio,TV, Tel., WLAN. Minibar, Safe, NRZ, Rest., Bar, Lift, Wellness. Parkpl. kostenl., Garage gg. Gebühr.
Tiere: Max. 1 Hund/1 Katze; je 8 €/Tag. Näpfe, Decke. Tiere angeleint im Hausbereich. Hundetoiletten, Hundetoilettenbeutel.
Kinder: Spielecke, Spielplatz, Schwimmbad
Behind. Einr.: Vier rollstuhlgerechte Zimmer
Beschreibung: Ideal für Aktiv- und Familienurlaub

48 EZ (DZ)	48 DZ	14 MB / 3 Suiten / 2 App.	HP / VP
ÜF 51-90 €	ÜF 82-148 €	148-188 €	21 € / 35 €

Hotel "Goldene Rose"

Rosenstraße 6, 91781 Weißenburg
Tel. 09141-8673-0 o. -2096, Fax 09141-70752
info@hotel-goldene-rose.net, www.hotel-goldene-rose.net

Ausstattung: DU, Bad, WC. Tel., TV, HotSpot mit WLAN. Teppichböden. Safe, Minibar a. Wunsch. Restaurant-Café: bayr.-fränk. Küche. Garten-Restaurant. Wandern, Radeln, Römermuseum.
Tiere: Max. 2 Hunde; kostenlos. Willkommensleckerli, Näpfe. Angeleint im Hausbereich / Restaurant. Hundetoilettenbeutel im Park vorhanden.
Beschreibung: Traditionsreiches Hotel aus dem 16. Jahrhundert in der verkehrsberuhigten Altstadt von Weißenburg direkt am Gotischen Haus, im Fränkischen Seenland.

10 EZ	15 DZ	3 MB
ÜF 40 - 75 €	ÜF 65 - 85 €	ÜF 85-95 €

Monis Bergpension ★ ★ ★

Enzianstraße 2, 93346 Ihrlerstein
Monika Gallmeier, Tel./Fax: 09441-12705
w.gallmeier@online.de, www.monis-bergpension.de

Ausstattung: DU, WC. KÜ, Mikrow., Spül-/Waschm. Tel., Sat-TV, Internetecke. Glatte Böden, Carport, Grill. Radfahren, Wandern, Angeln. Kostenlose Parkplätze.
Tiere: Hunde/Katzen kostenlos. Willkommensleckerli, Fress-/Wassernapf. Tiere dürfen sich frei bewegen. Tiere vor Ort: im Bauernhof gegenüber.
Behind. Einr.: rollstuhlgeeignet
Beschreibung: Sommerrodelbahn, Badeseen, Tropfsteinhöhlen, Donaudurchbruch.

1 FH (2-9 Pers. / 130 m²)	Pauschalangebot
Ü 40 – 70 €	ab 5 Pers. 70 €

Schwarzeck Apartmenthotel ★ ★ ★ / ★ ★ ★ ★

Zum Regen 11, 93470 Lohberg
Tel. 09943-9520, Fax 09943-95275
info@schwarzeck-ferienpark.de, www.schwarzeck-apartmenthotel.de

Ausstattung: DU, WC. Tel., Sat-TV. Balkon/Terasse, glatte Böden. Panorama-Rest.: bayr.-böhmische Küche. Sauna, Solarium, Fitness, Massagen, Kosmetik. Ökosiegel.
Tiere: Max. 2 Hunde/2 Katzen; je 5 €/Tag. Kleintiere a.A. Tiere dürfen sich frei bewegen. Angeleint im Hausbereich/Restaurant. Vor Ort: 1 Hund, 2 Katzen
Kinder: Kinderbetreuung, Spielzimmer, Bayerwald-Tierpark (10 min), Osser-Spassbad (5 min)
Beschreibung: Umgeben von 8 Tausendern, direkt am "Großen Arber" in sonniger Hanglage. Endlose Wälder, unzählige Bergbäche, sagenumwobene Seen. Wandern, Radeln, Wintersport.

54 App./Fewo (bis 6 Pers., 1-3 Zi., 30-42 m², 1-2 SZ)	F / HP
Ü 34 - 77 €	9,50 € / 19,90 €

Hotel Herzog Tassilo ★★★

Oberweinzierler Straße 2, *94086 Bad Griesbach*
Michaela Moldan, Tel. 08532-922822, Fax 08532-922820
herzog-tassilo@dogotel.de, www.herzog-tassilo.de

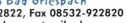

Ausstattung: DU, WC. TV, Radio, Telefon. Glatte Böden, Minibar, teilw. Balkon, Restaurant. Lift, Wellness. Kostenl. Parkplätze/-haus.
Tiere: Hund kostenlos. Hundefutter, Willkommensleckerli, Körbchen, Decke, Näpfe, Hundetoiletten/-beutel, Gassidienst, Tiersitterservice, Agility, Hundeschule, Badesee, Physiotherapie, Wellness. Tiere dürfen sich frei (kein Leinenzwang) bewegen. Tiere vor Ort: 3 Hunde
Beschreibung: Golf mit Hund, Wellness, Thermalbad, Reiten im Ort

8 EZ	20 DZ	4 Suiten
HP 62 - 75 €	HP 62 - 75 €	87,50 € / Pers.

Ferienbauernhof Jakob ★★★★

Rohrhof 27, *94118 Jandelsbrunn*
Gabriele Jakob, Tel. 08581-910400, Fax 08581-910401
gabriele.jakob@jakob-rohrhof.de, www.jakob-rohrhof.de

Ausstattung: DU, WC, Waschm./Trockner. KÜ, Mikrowelle, Backofen. Radio/TV, Internet. Gl. Böden. Terrasse. NRW, Sauna, Fahrräder, Brötchen-Bringdienst.
Tiere: Hund/Katze; 3 €/Tag, Willk.leckerli, Körbchen, Decke, Näpfe. Tiere dürfen sich frei bewegen, außer Stall/Pferdekoppel/Spielplatz. Tiere vor Ort: Hund, Katzen, Kühe, Pferde, Ziegen, Kleintiere
Beschreibung: Hof in Alleinlage bei Passau, Österreich, Bayrischer Wald. Wandern, Radfahren, Spielscheune, Riesentrampolin.

2 FH (2 Schlafzi.)	1 FeWo (2 Schlafzi.)
bis 2 Pers. Ü 40 - 44 € / weit. Pers. 6 €	

Appartementhaus Tannenhof ★★★/★★★★

Frauenberg 7 1/2, *94145 Haidmühle*
Christa Lippert, Tel./Fax 02369-23988; Tel. vor Ort: 08583-2026
lippert-tannenhof@t-online.de, www.fewo-tannenhof.de

Ausstattung: DU, Bad, WC. KÜ, teilw. Spülm., Mikrow., Backofen. Tel. m. Anruffunktion, Radio, Sat-TV. Gl. Böden/Teppich, Balkon/Terrasse, Wäsche-/Brötchenservice. Parkplatz kostenlos/Garage gg. Gebühr.
Tiere: Hund/Katze; je 1 €/ Tag. Tiere dürfen sich frei bewegen.
Kinder: Spielplatz
Beschreibung: Absolut ruhige Alleinlage. Panoramablick mitten in Wiesen u. Wäldern. Wandern, Radfahren, Langlauf direkt am Haus.

10 FeWo (3 x 1 Zi., 6 x 2 Zi., 1 x 3 Zi., 2 - 6 Pers.)
ab 2 Pers. Ü 18 – 30 € / weit. Pers. 4 € (Ki. bis 4 J. frei)

Landhotel Haus Waldeck

Alzenbergstraße 9, 94158 Philippsreut-Mitterfirmiansreut
Christian Koch, Tel. 08557-729, Fax 08557-739
info@haus-waldeck-koch.de, www.haus-waldeck-koch.de

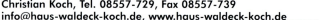

Ausstattung: DU, WC. Tel., Radio, TV, WLAN. Teppichboden. Teilw. Balkon. Restaurant: gutbürgerl. Küche, Bar. Wellness, Fitness. Kostenl. Parkplätze

Tiere: Hund 4,50 €/Tag. Katze kostenlos. Körbchen, Näpfe. Hundeplatz (600 m²), Agility, Hundeschule, Hundepsychologe, geführte Hundewanderungen. Tiere angeleint im Hausbereich und Restaurant. Hundezwinger vorhanden.

Kinder: Spielzimmer, Spielplatz, Tischtennis, Billard, Dart, Kicker

Beschreibung: Landhotel in Waldrandlage im Bayrischen Wald mit weitreichender Vital-Wellness-Landschaft. Wandern, Tennis, Nordic Walking, Mountainbiking, Abfahrt-/Langlaufski.

2 EZ	19 DZ	4 MB	1 Suite	HP
ÜF 50 - 53 €	ÜF 100 - 106 €	a. A.	a.A.	5 €

Landhaus Wildfeuer ★★★★

Schlag 5, 94261 Kirchdorf im Wald
Gertraud Wildfeuer, Tel. 09928-442, Fax 09928-903027
ferienwohnung-wildfeuer@t-online.de, www.fewo-wildfeuer.de

Ausstattung: DU, WC. KÜ, Mikrowelle, Backofen. Radio/TV a.A. Glatte Böden/Teppichböden. Terrasse, NRW. Brötchen-Bringdienst. Kostenlose Parkplätze.
Tiere: Max. 1 Hund; 3 €/Tag, Katzen kostenlos. Tiere dürfen sich frei bewegen, große Hunde angeleint.
Beschreibung: Wohnen in der Natur, Nationalpark Bayerischer Wald, herrliche unverbaute Aussicht, Winter- u. Wandergebiet. Wellness-/Fitnessprogramme mit Saunaland kostenlos. Nationalparkpartner

3 Fewo (3 x 2 Zi., 2 - 4 Pers.)
1 - 2 Pers. Ü 30 - 42 € / weit. Pers. 7 €

Gasthaus / Pension Zehrermühle

Zehrermühle 2, 94513 Schönberg
Herr Sinschek, Tel. 08554-9434090, Fax: 08554-9434091
info@zehrermuehle.de; www.zehrermuehle.de

Ausstattung: DU, WC. Radio, TV, WLAN. Gl. Böden/Teppichb. NRZ, Rest., Tagungen /Seminare mgl. Zusätzl. (Fewo): Bad, KÜ, Terrasse, Brötchen-Bringdienst.
Tiere: Pferde-Box: 10 €/Tag. Hund: 3 €/Tag. Katze: 1,50 €/Tag. Futtervorrat, Decke, Näpfe. Angeleint im Haus/Frühstücksraum. Frühstücksraum f. Tierbesitzer. Vor Ort: Hunde, Katzen, Schafe
Beschreibung: Ruhige Lage a. Waldrand u. Fluss. Wandern, Hochseilgarten, Abenteuerspielplatz, Freilichtmuseum, Erlebnisbad.

3 DZ	1 App.	2 Fewo (bis 8 Pers.)	HP
ÜF 19 - 25 €	Ü 35 - 38 €	2-4 Pers. Ü 40 - 60 €/weit. Pers. 7 €	9,50 €

www.tierfreundliche-hotels.de

Gerdas Ferienhäuser

Fürstberg 10, *94536 Eppenschlag*
L. u. G. Resch, Tel. 09928-437, Fax: 09928-7261
info@gerdas-ferienhaeuser.de, www.gerdas-ferienhaeuser.de

Ausstattung: DU, WC, KÜ, Backofen. Radio, TV auf Anfrage, WLAN. Glatte Böden, Kamin, Terrasse. Große Liegewiese. Grillplatz mit Bier- u. Grillstüberl.
Tiere: Max. 2 Hunde/3 Katzen; kostenlos. Willkommensleckerli, Kratzbaum, Katzen-WC, kl. Tierfuttervorrat. Große Hunde angeleint.
Kinder: Klettergerüst, Schaukel, großer Spielplatz (1 km)
Beschreibung: 2 urige, komfortable Häuser an einem Bach im Bayr. Wald. Winter-/Wandergebiet. Skilift 1 km, Langlaufloipe 500 m.

2 FH (bis je 4 Pers.; 2 SZ)
bis 2 Pers. Ü 27 - 34 € / weit. Pers. 3 €

Hotel Franziskushöhe ★★★★

Ruppertshüttener Straße 70, *97816 Lohr*
Tel. 09352-6040 Fax: 09352-604250
info@franziskushoehe.de, www.franziskushoehe.de

Ausstattung: DU, Bad, WC. Tel., Radio, TV, WLAN, DVD. Teppich, NRZ, Lift. Restaurant, Massagen, Kosmetik, Fitness, Tagungen.
Tiere: Hund je 10 €/Tag. Kl. Hundefuttervorrat. Decken, Näpfe, Hundetoilettenbeutel. Angeleint im ges. Objekt. Tiere vor Ort: Hund
Kinder: Spielplatz, Spielzimmer, Riesenrutsche, Kicker u.v.m.
Beschreibung: Urlaubs- und Tagungshotel in malerischer Umgebung des Naturparks Spessart. Internationale Küche.

12 EZ	48 DZ	3 DZ Superior/Deluxe	1 Junior Suite
ÜF ab 85 €	ÜF ab 99 €	ÜF ab 115 €	ÜF ab 125 €

Ferien-Reiter-Stutenmilchhof Trunk ★★★ / ★★★★

Reckerstal 14, 97999 Igersheim-Reckerstal
Alexander Trunk, Tel. 07931-8290, Fax 07931-52472
tierhotels@ferienhof-trunk.de, www.ferienhof-trunk.de

Ausstattung: DU, Bad, WC. KÜ, Spülmaschine, Backofen, Waschmaschine. TV, Radio, WLAN. Glatte Böden/Teppichböden, teilw. Balkon, NRW vorh., Brötchenservice, Liegewiese. Wellness: Massagen, Kosmetik, Stutenmilch, Yoga. Grillabende u.v.m. Kostenlose Parkplätze.

Tiere: Pferd: Box mit Auslauf 13-18 €/ Tag. Hund/Katze je 4 €/Tag. Hundetoiletten, Hundeschule / Agility a.A. Kleiner Pferdefuttervorrat vorhanden. Reithalle, Pferdekoppel, Reitunterricht, naturkindlich-geführte Ausritte, Voltigieren. Tiere angeleint in der Anlage. Großzügiges Grundstück. Vor Ort: Pferde, Ponys, Katzen, Münsterländer.

Kinder: Großer Spielplatz, Spielzimmer, Kinderburg, Hängebrücke, Sinnespfad, Tischtennis, Billard, Spiele

Behind. Einr: 1 rollstuhlfreundliche FeWo

Beschreibung: Gelegen in der herrlichen Natur des lieblichen Taubertals. Ausflüge nach Bad Mergentheim, Rothenburg o. d. Tauber entlang der Romantischen Straße.

12 Fewo (1 - 6 Pers.)	ÜF
bis 6 Pers. Ü 41 - 101 €	a.A.

Pension Steinbergsblick

Ellerweg 17, 98553 Schleusingerneundorf
Fam. Torsten Leipold, Tel. 036841-47736, Mobil 0178-5418661
info@steinbergsblick.de, www.steinbergsblick.de

Ausstattung: DU, WC. WLAN i. Kürze, TV a.A. NRZ. Fewo: KÜ, Mikrow., Waschm. TV, Radio. Teppich. Terrasse. Brötchenservice. Sauna, Solarium, Sonnenterrasse. Kostenl. Parkpl.
Tiere: Max. 3 Hunde/3 Katzen; je 3 €/Tag. Kleintiere a.A. Angeleint im Hausbereich. Zugang zum Frühstücksraum a.A. Hundeloipe 5 km entfernt. Tiere vor Ort: Katzen.
Kinder: Spielplatz, Skaterbahn, Freibad (200 m)
Beschreibung: Kleine gemütliche, ruhige Pension im Thüringer Wald in unmittelbarer Nähe zum Rennsteig. Ausflüge, Wanderungen. Biathlonweltcup, Skirennen, Rennsteiglauf u.v.m.

3 EZ	4 DZ	1 Fewo (2 SZ, bis 5 Pers.)
ÜF 25 - 28 €	ÜF 40 - 46 €	Ü 40 - 70 €

*Dass mir mein Hund das Liebste sei,
sagst du oh Mensch sei Sünde,
mein Hund ist mir im Sturme treu,
der Mensch nicht mal im Winde.*

Franz von Assisi 1181/1182 -1226

Haflinger Reiterhof Meura

Ortsstr. 116, *98744 Meura*
Frau Martina Sendig, Tel. 036701-31151, Fax: 036701-31152
anke.sendig@t-online.de, www.haflinger-in-meura.de

Ausstattung: DU, Bad, WC. TV, Internet-Anschluss im Haus. Gl. Böden. NRZ vorh. Rest. Freibad in der Nähe. Stutenmilchprodukte. Reiten, Reitunterricht.
Tiere: Hund/Katze; je 5 €/Tag. Pferd; 9,50 €/Tag. Pferdefuttervorrat, Körbchen, Näpfe. Tiere angeleint im Hausbereich/Rest. erlaubt. Tiere vor Ort: Pferde, Hunde, Hühner
Behind. Einr.: 1 rollstuhlgerechtes Zimmer
Beschreibung: Feengrotten und Rennsteig in der Nähe.

2 DZ	6 MB (4 - 8 Pers.)	2 App. (2 Zi., 2 Erw., 2 - 4 Kinder)
ÜF 25 € / Pers.	ÜF ab 19 € / Pers.	ÜF 25 € / Pers.

Gasthaus - Pension Bärenhügel

In der Hohle 3, *99439 Wohlsborn*
K. Köditz, Tel. 03643-410505, Fax. 03643-410663,
www.gasthaus-pension-baerenhuegel.de, E-mail siehe Website.

Ausstattung: DU, WC. Radio, Telefon. Teppich. Teilw. Balkon, NRZ. Restaurant, Tischtennis, Wandern. Kostenlose Parkplätze
Tiere: Hund/Katze einmalig 8 €. Willkommensleckerli, Näpfe. Tiere angeleint im Hausbereich. Tiere vor Ort: Katzen, Hase, Meerschwein, Schwein
Kinder: Spielplatz, Sandkiste, Garten
Beschreibung: Familienpension in ruhiger Ortsrandlage. Weimar 7 km entfernt. Hundeschule 2 km. Umgeben von Streuobstwiesen und Äckern.

EZ	3 DZ	2 MB	HP
ÜF 35 - 38 €	ÜF 52 - 58 €	a.A.	10 €

Zeichnung: Karin Ute Reuter

Hundestrände an der Nordsee

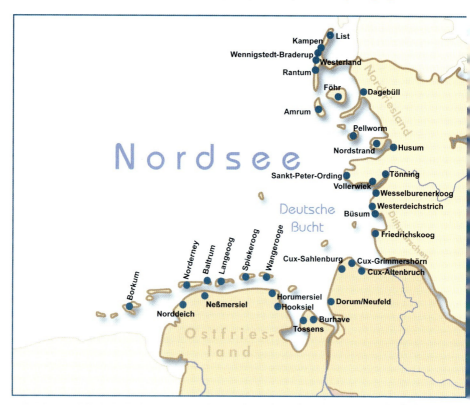

Friedrichskoog

Hundestrand

Lage: 25718 Friedrichskoog-Spitze, rechts des Strandhauptaufgangs

Strand: Grünstrand, Länge: 400 m, Gebühr: keine.

Sonstiges: Hundetoilettenbeutel vorhanden. Imbiss und Restaurant vor Ort. Sport: Fitnesspark 500 m entfernt. Spielplatz. Strandkorbvermietung.

Ausflugsziele: Kurpark, Kutterhafen, Seehundstation

Weitere Infos: Tourismus-Service Friedrichskoog, Koogstraße 141, 25718 Friedrichskoog, Tel. 04854-904940, info@friedrichskoog.de, www.friedrichskoog.de

Westerdeichstrich

Hundestrand

Lage: 25761 Westerdeichstrich, südl. vom Textilstrand u. nördl. vom FKK-Strand

Strand: Grünstrand, Länge: je ca. 200 m, Gebühr: Erw. 1,50 €/Pers./Tag.

Sonstiges: Hundetoilettenbeutel vorhanden. Café / Restaurant 100 m, Imbiss 200 m, Kiosk 400 m entfernt. Sport: Beachvolleyball. Fitnesspark 500 m, Spielplatz 100 m entfernt. Strandkorbvermietung.

Ausflugsziele: Deichmuseum, Büsum

Weitere Infos: Touristen-Information Westerdeichstrich, Stineck 57, 25761 Westerdeichstrich Tel. 048834-962256, www.westerdeichstrich.de

Büsum

Zone 1 und Zone 9

Lage: 25761 Büsum, nördlichster und südlichster Strandabschnitt
Strand: Gras-/Sandstrand, Länge: 500 m und 200 m, Gebühr: keine.
Sonstiges: Hundetoilettenbeutel vorhanden. Imbiss 500 m entfernt. Strandkorbvermietung.
Zone 9: Hund darf ins Meer (angeleint).
Ausflugsziele: Leuchtturm, Museum am Meer, Sturmflutenwelt Blanker Hans, Museumshafen
Weitere Infos: Kur- und Tourismus Service Büsum, Südstrand 11, 25761 Büsum,
Tel. 04834-9090, info@buesum.de, www.buesum.de

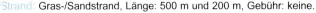

NORDSEE

Wesselburenerkoog

Hundestrand

Lage: 25764 Wesselburenerkoog, direkt am Eidersperrwerk
Strand: Grünstrand, Länge: 100 m, kein direkter Wasserzugang, Gebühr: keine.
Sonstiges: Hundetoilettenbeutel in Wesselburnen erhältlich. Kiosk 200 m entfernt. Spielplatz.
Ausflugsziele: Hebbelmuseum, Eidersperrwerk, Sturmflutenwelt "Blanker Hans" in Büsum, Sankt-Bartholomäuskirche,
Weitere Infos: Tourismusverein Wesselburen und Umland e.V., Markt 5, 25764 Wesselburen
Tel. 04833-4101, info@nordseebucht.de, www.nordseebucht.de

Husum

Dockkoog

Lage: 25813 Husum, am Dockkoog
Strand: Grasstrand, Länge: 50 - 60 m, Gebühr: keine.
Sonstiges: Hundetoilettenbeutel vorhanden. Restaurant / Imbiss vor Ort. Sport: Beachvolleyball, Fußball, Spielplatz. Strandkorbvermietung.
Ausflugsziele: Hafen Tönning, Helgolandfähre
Weitere Infos: Tourist-Information Husum / Husumer Bucht, Rathaus, Großstraße 27, 25813 Husum,
Tel. 04841-89870, info@husum-tourismus.de, www.husum-tourismus.de

Husum/Dockkoogspitze Badesteg

Hundestrand

Lage: 25813 Husum, westlich von Ortskern Husums
Strand: Grünstrand, Länge: 50 - 60 m, Gebühr: keine.
Sonstiges: Hundetoilettenbeutel vorhanden. Restaurant, Kiosk und Imbiss vor Ort. Sport: Beachvolleyball, Skaten, Drachen steigen. Spielplatz, Spiele-Mobil. Strandkorbvermietung.
Ausflugsziele: Theodor-Storm-Zentrum, Schloss vor Husum, Ostenfelder Bauernhaus
Weitere Infos: Tourist-Information Husum/Husumer Bucht, Historisches Rathaus, Großstraße 27, 25813 Husum, Tel. 04841-89870, tourist@husum-tourismus.de, www.husum-tourismus.de

Sankt-Peter-Ording
Badestellen Ording Nord - FKK - Bad

Lage: 25823 Sankt-Peter-Ording, Höhe Strandbereiche D und E (FKK)

Strand: Sandstrand, Länge: 50 - 60 m, Gebühr: in Kurabgabe enthalten.

Sonstiges: Hundetoilettenbeutel vorhanden. Restaurant vor Ort. Sport: Beachvolleyball, Strandgymnastik. Kinderanimation, Spielplatz. Strandkorbvermietung. Badestelle Bad ohne Parkplatz.

Ausflugsziele: Backhus, Bernsteinmuseum, Eidersperrwerk, Hauberge, Bibliothek, Takelagenaturgarten, Westküstenpark, Leuchtturm St. Peter-Böhl

Weitere Infos: Siehe Badestellen Ording und Böhl

Sankt-Peter-Ording
Badestellen Ording und Böhl

Lage: 25823 Sankt-Peter-Ording, Strandbereiche J und D

Strand: Sandstrand, Länge 50 - 60 m, Gebühr: in Kurabgabe enthalten.

Sonstiges: Hundetoilettenbeutel vorhanden. Restaurant vor Ort. Sport: Beachvolleyball, Strandgymnastik; Badestelle Böhl zusätzl.: Reiten; Badestelle Ording zusätzl.: Kite-/Windsurfen, Katamaran, Kitebuggys. Spielplatz. Kinderanimation. Strandkorbvermietung.

Weitere Infos: Tourismus-Zentrale St. Peter-Ording, Maleens Knoll 2, 25826 St. Peter-Ording
Tel.: 04863-9990, info@tz-spo.de, www.st.peter-ording-nordsee.de

Tönning
Hundestrand

Lage: 25832 Tönning, südlich des Badestrandes (Deichgrafenstrasse)

Strand: Grünstrand, Länge: 100 m, Gebühr: keine.

Sonstiges: Hundetoilettenbeutel in der Touristinformation Tönning erhältlich. Restaurant vor Ort. Sport: Beach-Volleyball am Badestrand, Spielplatz. Strandkorbvermietung am Badestrand.

Ausflugsziele: Marktbrunnen, Schloßgarten, Hafen, Multimar Wattforum, St. Laurentius Kirche

Weitere Infos: Tourist- und Freizeitbetriebe Tönning, Am Markt 1, 25832 Tönning
Tel. 04861-61420, info@toenning.de, www.toenning.de

Vollerwiek
Hundestrand

Lage: 25836 Garding-Vollerwiek, links vom Badestrand

Strand: Grünstrand, Länge: ca.100 m, Gebühr: Erw. 2 €; Ki. 1 €/Pers./Tag.

Sonstiges: Hundetoilettenbeutel vorhanden. Imbiss vor Ort. Sport: Volleyball. Strandkorbvermietung.

Ausflugsziele: Galerie Dreyer, Töpferei Schmidt, Atelier Rungholt, Wolfgang Groß-Freitag in Welt

Weitere Infos: Bade- und Verkehrsverein Welt-Vollerwiek e.V., Mühlendeich 24, 25836 Vollerwiek,
Tel. 04862-103200, www.mehr-nordsee.de, anfrage@mehr-nordsee.de

Fuhlehörn/Nordstrand

Hundestrand

Lage: 25845 Nordstrand-Fuhlehörn, ausgewiesener eingezäunter Abschnitt
Strand: Grünstrand, Breite: 80 m, Gebühr: keine.
Sonstiges: Hundetoilettenbeutel vorhanden. Kiosk vor Ort. Wattenfahrten mit Pferd und Wagen. Spielplatz. Strandkorbvermietung.
Ausflugsziele: Süderhafen, Vogelkoje, Süderhafen-Töpferei, Insel Pellworm
Weitere Infos: Kurverwaltung Nordstrand, Schulweg 4, 25845 Nordstrand,
Tel. 04842-454, info@nordstrand.de, www.nordstrand.de

NORDSEE

Holmer Siel/Nordstrand

Hundestrand

Lage: 25845 Nordstrand-Holmer Siel
Strand: Grünstrand, Breite: 80 m, Gebühr: keine.
Sonstiges: Hundetoilettenbeutel vorhanden. Kiosk vor Ort. Kinderspielgeräte.
Ausflugsziele: Hafen Strucklahnungshörn, Hallig Nordstrandischmoor, Nordstrander Töpferei
Weitere Infos: Kurverwaltung Nordstrand, Schulweg 4, 25845 Nordstrand,
Tel. 04842-454, info@nordstrand.de, www.nordstrand.de

Lüttmoorsiel/Nordstrand

Hundestrand

Lage: 25845 Nordstrand-Lüttmoorsiel, eigener Abschnitt mit Treppe
Strand: Grünstrand, Breite: 80 m, Gebühr: keine.
Sonstiges: Hundetoilettenbeutel vorhanden. Kiosk vor Ort. Sport: Skaten, Drachen steigen. Spielplatz.
Ausflugsziele: Beltringharder Koog, Galerie "Lat Di Tied", NordseeMuseum Husum
Weitere Infos: Kurverwaltung Nordstrand, Schulweg 4, 25845 Nordstrand,
Tel. 04842-454, info@nordstrand.de, www.nordstrand.de

Hooger Fähre/Pellworm

Hundestrand

Lage: 25849 Nordseeinsel Pellworm, Hooger Fähre
Strand: Grünstrand, Länge: 100 m, Gebühr: keine.
Sonstiges: Hundetoilettenbeutel vorhanden. Imbiss vor Ort. Strandkorbvermietung.
Ausflugsziele: Hooger Fähre mit Bootsausflügen, Alte Kirche, Neue Kirche, Leuchtturm, Momme-Nissen-Haus, Vogelkoje
Weitere Infos: Tourismus-Service-Pellworm, Uthlandestraße 2, 25849 Pellworm,
Tel. 04844-18940, info@pellworm.de, www.pellworm.de

Süderkoog/Pellworm

Hundestrand

Lage: 25849 Nordseeinsel Pellworm, Leuchtturm in Richtung Fähranleger

Strand: Grünstrand, Länge: 300 m, Gebühr: keine.

Sonstiges: Hundetoilettenbeutel vorhanden. Imbiss vor Ort. Sport: Volleyball. Strandkorbvermietung.

Ausflugsziele: Hooger Fähre mit Bootsausflügen, Alte Kirche, Neue Kirche, Leuchtturm, Momme-Nissen-Haus, Vogelkoje.

Weitere Infos: Tourismus-Service-Pellworm, Uthlandestraße 2, 25849 Pellworm, Tel. 04844-18940, info@pellworm.de, www.pellworm.de

Schütting/Pellworm

Hundestrand

Lage: 25849 Nordseeinsel Pellworm, Schütting

Strand: Grünstrand, Länge: 100 m, Gebühr: keine.

Sonstiges: Hundetoilettenbeutel vorhanden. Café vor Ort. Strandkorbvermietung.

Ausflugsziele: Hooger Fähre mit Bootsausflügen, Alte Kirche, Neue Kirche, Leuchtturm, Momme-Nissen-Haus, Vogelkoje.

Weitere Infos: Tourismus-Service-Pellworm, Uthlandestraße 2, 25849 Pellworm, Tel. 04844-18940, info@pellworm.de, www.pellworm.de

Dagebüll

Hundestrand

Lage: 25899 Dagebüll, Richtung Lorenbahn

Strand: Grünstrand, Breite: 150 m, Gebühr: Erw. 1 €; Ki. 0,50 €/Pers./Tag.

Sonstiges: Hundetoilettenbeutel vorhanden. Restaurant und Kiosk vor Ort. Sport: Surfen, Beach-Volleyball. Spielplatz. Strandkorbvermietung.

Ausflugsziele: St. Dionysus-Kirche, Halligen, Luftkurort Niebüll, Lorenbahn

Weitere Infos: Nordfriesland Tourismus GmbH c/o Tourist-Info Dagebüll, Am Badedeich 1, 25899 Dagebüll, Tel. 04667-95000, info@nf-tourismus.de, www.nordfrieslandtourismus.de

Nieblum/Föhr

Hundestrände

Lage: 25938 Nieblum, Richtung Zeltlagerplatz und Richtung Goting

Strand: Sandstrand, Länge: je ca. 500 m, Gebühr: in Kurabgabe enthalten.

Sonstiges: Hundetoilettenbeutel vorhanden. Imbiss vorhanden. Sport: Surfen, div. Sportangebote während der Saison. Spielplatz. Strandkorbvermietung.

Ausflugsziele: Historischer Ortskern, St. Johannis-Kirche ("Friesendom")

Weitere Infos: Kurverwaltung Nieblum, Poststrat 2, 25938 Nieblum, Tel. 04681-2559, nieblum@foehr.de, www.nieblum.de

Goting/Föhr

Hundestrand

Lage: 25938 Nieblum OT Goting, am Kliff Richtung FKK Abschnitt
Strand: Sandstrand, Länge: ca. 500 m, Gebühr: in Kurabgabe enthalten.
Sonstiges: Hundetoilettenbeutel vorhanden. Café vorhanden. Sportmöglichkeiten: Minigolf. Spielplatz. Strandkorbvermietung.
Ausflugsziele: Historischer Ortskern, St. Johannis-Kirche ("Friesendom")
Weitere Infos: Kurverwaltung Nieblum, Poststrat 2, 25938 Nieblum, Tel. 04681-2559 nieblum@foehr.de, www.nieblum.de

Utersum/Föhr

Hundestrand

Lage: 25938 Utersum, Hundestrand- und Surfzone (Richtung Kurklinik)
Strand: Sandstrand, Länge: 400 m, Gebühr: in Kurabgabe enthalten.
Sonstiges: Hundetoilettenbeutel vorhanden. Imbiss / Kiosk 100 m entfernt. Sport: Surfschule, Beachvolleyball. Strandkorbvermietung.
Ausflugsziele: Triibergem (Hünengräber), Megalitgrab
Weitere Infos: Kurverwaltung Utersum, Klaf 2, 25938 Utersum, Tel. 04683-346, kv-utersum@t-online.de, www.utersum.de

NORDSEE

Wyk/Föhr

Strandabschnitte 12 und 30

Lage: 25938 Wyk, Strandabschnitte 12 und 30
Strand: Sandstrand, Länge: 250 bzw. 150 m, Gebühr: in Kurabgabe enthalten
Sonstiges: Hundetoilettenbeutel vorhanden. Imbiss 500 m entfernt. Abschnitt 12 zusätzl.: Rest./Café in der Nähe. Sport: Surfschule 200 bzw. 800 m entfernt. Strandkorbvermietung.
Ausflugsziele: Nationalparkausstellung, Friesenmuseum
Weitere Infos: Tourist-Info Wyk auf Föhr, Am Fähranleger 1, 25938 Wyk auf Föhr, Tel. 04681-300, urlaub@foehr.de, www.foehr.de

Nebel und Süddorf/Amrum

Hundestrand

Lage: 25946 Nebel/Süddorf, Übergang nach rechts (ausgewiesener Abschnitt)
Strand: Sandstrand, Länge: über 1000 m, Gebühr: in Kurabgabe enthalten.
Sonstiges: Hundetoilettenbeutel vorhanden. Restaurants, Kiosk vor Ort. Sport: Beachvolleyball, Surfschule. Spielplatz. Strandkorbvermietung.
Ausflugsziele: Leuchtturm, Amrumer Windmühle, Öömrang Hüs, St. Clemens-Kirche
Weitere Infos: AmrumTouristik Nebel, Hööwjaat 1a, 25946 Nebel auf Amrum, Tel. 04682-94030, www.amrum.de, info@amrum.de

Norddorf/Amrum

Hundestrand

Lage: 25946 Norddorf, Nähe Surfschule

Strand: Sandstrand, Länge: ca. 1000 m, Gebühr: in Kurabgabe enthalten.

Sonstiges: Hundetoilettenbeutel vorhanden. Imbiss und Restaurant vor Ort. Sport: Kite- und Surfschule, Beachvolleyball. Trampolin, Spielplatz. Strandkorbvermietung

Ausflugsziele: Leuchtturm, Amrumer Windmühle, Öömrang Hüs, St. Clemens-Kirche

Weitere Infos: Amrum Touristik Norddorf, Ual Saarepswai 7, 25946 Norddorf auf Amrum, Tel.04682-94700, www.amrum.de, info@amrum.de

Wittdün/Amrum

Hundestrand

Lage: 25946 Wittdün, Südstrand, westliches Ende Richtung Kniepsand

Strand: Sandstrand, Länge: ca. 1000 m, Gebühr: in Kurabgabe enthalten.

Sonstiges: Hundetoilettenbeutel vorhanden. Kiosk und Grillplatz vor Ort. Sport: Beachvolleyball. Spielplatz. Strandkorbvermietung

Ausflugsziele: Leuchtturm, Amrumer Windmühle, Öömrang Hüs, St. Clemens-Kirche

Weitere Infos: AmrumTouristik Wittdün, Inselstr. 14a, 25946 Wittdün auf Amrum, Tel. 04682-94030, www.amrum.de, info@amrum.de

List/Sylt

Hundestrand

Lage: 25992 List, Weststrand, 350 m südlich von Übergang 19

Strand: Sandstrand, Länge: 500 m, Gebühr: in Kurabgabe enthalten.

Sonstiges: Hundetoilettenbeutel vorhanden. Imbiss/Restaurant 200 m entfernt. Sport: Gymnastikprogramm, Beachvolleyball. Spielplatz. Strandkorbvermietung.

Ausflugsziele: Erlebniszentrum Naturgewalten, Das "alte" Dorf

Weitere Infos: Kurverwaltung Nordseebad List auf Sylt, Am Brünk 1, 25992 List/Sylt, Tel. 04651-95200, info@list-sylt.de, www.list.de

Wennigstedt-Braderup/Sylt

Hundestrände

Lage: 25996 Wennigstedt, nördl. (Osetal) u. südl. (Seestraße) Strandende

Strand: Sandstrand, Länge: ca. 200 m, Gebühr: in Kurabgabe enthalten.

Sonstiges: Hundetoilettenbeutel vorhanden. Imbiss/Restaurant vor Ort bzw. 500 m entfernt. Sport: Strandgymnastik, Volleyball, Kite- und Surfschule. Spielplatz, Trampolin. Strandkorbvermietung.

Ausflugsziele: Großsteingrab "Denghoog", Sylter Heimatmuseum, Altfriesisches Haus

Weitere Infos: KV Wennigstedt-Braderup, Osetal 5, 25996 Wennigstedt-Braderup, Tel. 04651-4470, info@wennigstedt.de, www.wennigstedt.de

Hörnum/Sylt

Hundestrände

Lage: 25997 Hörnum, südlich des Übergangs "Barbeque am Meer" (FKK) und Übergang "Aralsteg" (Textilstrand)

Strand: Sandstrand, Länge: ca. 300 m, Gebühr: in Kurabgabe enthalten.

Sonstiges: Hundetoilettenbeutel vorh. Kiosk vor Ort. Div. Sportmöglichkeiten. Strandkorbvermietung.

Ausflugsziele: Leuchtturm, Naturzentrum der Schutzstation Wattenmeer

Weitere Infos: Tourismus-Service Hörnum, 25997 Hörnum,
Tel. 04651-96260, info@hoernum.de, ww.hoernum.de

Kampen/Sylt

Hundestrände

Lage: 25999 Kampen, Abgang N (Sturmhaube) und Buhne 16 (FKK)

Strand: Sandstrand, Länge: je ca. 250 m, Gebühr: in Kurabgabe enthalten.

Sonstiges: Hundetoilettenbeutel vorhanden. Bistro, Restaurant vor Ort. Sport: Strandgymnastik, Beachvolleyball. Spielplatz. Strandkorbvermietung.

Ausflugsziele: Avenarius-Park, Leuchtturm "Rote Kliff", Quermarkenfeuer, Kampener Vogelkoje

Weitere Infos: Tourismus-Service Kampen, Kaamp-Hüs, Hauptstr. 12, 25999 Kampen
Tel. 04651-46980, info@kampen.de, www.kampen.de

Westerland/Sylt

Hundestrände

Lage: 25980 Westerland, Übergange Nordseeklinik u. Abschnitt Baakdeel (FKK)

Strand: Sandstrand, Länge: je ca. 350 m, Gebühr: in Kurabgabe enthalten.

Sonstiges: Hundetoilettenbeutel vorhanden. Kiosk und Restaurant in der Nähe. Sport: Kitesurven, Beachvolleyball. Strandkorbvermietung.

Ausflugsziele: Westerländer Rathaus, St. Niels Kirche, Wilhelmine, Friedrichshain

Weitere Infos: Tourismus-Service Westerland GmbH & Co. KG, Strandstraße 35,
25980 Westerland / Sylt, Tel. 04651-998329, Weidner@westerland.de, www.westerland.de

Rantum/Sylt

Hundestrände

Lage: 25980 Rantum, ausgewiesene Abschitte: Nord 15 (Campingplatz), Süd 5 Henning-Rinken-Wai, Süd 9 Tadjem Deel (FKK), Samoa (FKK), Sansibar (FKK)

Strand: Sandstrand, Länge: von 200 m - 1700 m, Gebühr: in Kurabgabe enthalten.

Sonstiges: Hundetoilettenbeutel vorh. Restaurant vor Ort. Sport. Spielplatz. Strandkorbvermietung.

Ausflugsziele: Tierpark Tinnum, Hafen, St.Peter Kirche, Reetdachhäuser, Rantumbecken

Weitere Infos: Sylt Tourismus-Service GmbH, Strandstraße 7, 25980 Sylt / Rantum,
Tel. 04651-8070, info@rantum.de, www.rantum.de

Hooksiel
Hundestrand

Lage: 26434 Hooksiel, an der Strandkasse 2

Strand: Sandstrand, Länge: 200 m, Gebühr: Erw. 2,50 €; Hund 2,50 €/Pers./Tag.

Sonstiges: Hundetoilettenbeutel in Ort erhältlich. Restaurant und Kiosk ca. 500 m entfernt. Sport: Surf-, Wasserski-, Segelschule gegenüber am Hooksmeer. Spielplatz. Strandkorbvermietung.

Ausflugsziele: Muschelmuseum, Alter Hafen, Kirchen

Weitere Infos: Wangerland Touristik GmbH, Nebenstelle Hooksiel, Hohe Weg, 26434 Hooksiel-Gem Wangerland, Tel. 04425-95800, info@wangerland.de, www.wangerland.de

Horumersiel-Schilling
Hundestrand

Lage: 26434 Horumersiel-Schillig, nördl. Campingplatz

Strand: Sandstrand, Länge: 200 m. Gebühr: in Kurabgabe enthalten.

Sonstiges: Hundetoilettenbeutel vorhanden. Restaurant 200 m entfernt. Imbiss 400 m entfernt. Sport: Kite-Surfen, Drachenwiese, Beachvolleyball. Spielplatz. Strandkorbvermietung.

Ausflugsziele: Küstenwachboot KW 19, Kolk, Yachthafen, Frieslandtherme, Stadt Jever

Weitere Infos: Wangerland Touristik GmbH, Zum Hafen 3, 26434 Horumersiel, Tel. 04426-9870, info@wangerland.de, www.wangerland.de

Langeoog
Hundestrände

Lage: 26465 Langeoog, Gesamte Küste, ausgenommen Badestrand im Ort

Strand: Sandstrand, Länge: insg. 9 km, Gebühr: in Kurabgabe enthalten.

Sonstiges: Hundetoilettenbeutel vorhanden. Restaurant und Imbiss vor Ort. Sport: Kite- u. Windsurfen, Golf, Reiten. Spielplatz, Kinderspielhaus. Strandkorbvermietung.

Ausflugsziele: Seenotbeobachtungsstation, Schiffahrtsmuseum, Wasserturm, Melkhörndüne.

Weitere Infos: Kurverwaltung Langeoog, Hauptstraße 28, 26465 Langeoog, Tel. 04972-6930, kurverwaltung@langeoog.de, www.langeoog.de

Spiekeroog
Hundestrände

Lage: 26466 Spiekeroog, Weststrand unterhalb der Spundwand, östl. vom Hauptrand

Strand: Sandstrand, Länge: 800 m und bis zum östl. Ende, Gebühr: in Kurabgabe enthalten.

Sonstiges: Hundetoilettenbeutel vorhanden. Restaurant vor Ort. Sport: Surfen, Kitesurfen, Strandfussball. Spielplatz, Kinderspielhaus. Strandkorbvermietung.

Ausflugsziele: Inselmuseum, Muschelmuseum, Museums-Pferdebahn, Umweltzentrum Wittbülten

Weitere Infos: Nordseebad Spiekeroog GmbH Kurverwaltung und Schifffahrt, Noorderpad 25, 26466 Spiekeroog, Tel. 04976-919101, info@spiekeroog.de, www.spiekeroog.de

Wangerooge

Hundestrand

Lage: 26480 Wangerooge, Östl. Ende Strandpromenade
Strand: Sandstrand, Länge: 150 m, Gebühr: in Kurabgabe enthalten.
Sonstiges: Hundetoilettenbeutel vorhanden. Restaurant vor Ort. Sport: Beachvolleyball, Surfen, Drachen steigen. Spielplatz. Strandkorbvermietung.
Ausflugsziele: Inselmuseum, Kirchen St. Nikolai u. St. Willehad, Alter u. Neuer Leuchtturm
Weitere Infos: Kurverwaltung der Gemeinde Nordseeheilbad Wangerooge, Strandpromenade 3, 26480 Wangerooge, Tel. 04469-990, www.wangerooge.de

Norddeich

Hundestrand

Lage: 26506 Norddeich, Richtung Nordseecamp am Westende des Sandstrandes
Strand: Sand-/Steinstrand, Länge: 700 m, Gebühr: keine.
Sonstiges: Hundetoilettenbeutel vorhanden. Imbiss und Restaurant 200 m entfernt. Sport: Drachenfliegen, Kyting, Minigolf. Strandkorbvermietung. Strandpromenade für Hunde gesperrt.
Ausflugsziele: Seehundstation, Waloseum, Hafen Greetsiel
Weitere Infos: Tourist Information, Am Dörper Weg 22, 26506 Norden-Norddeich, Tel. 04931-986210, info@norddeich.de, www.norddeich.de

Norderney

Hundestrände

Lage: 26548 Norderney, Ostbad "Weiße Düne": rechter Abschnitt, FKK-Strand: linker Abschnitt, Wiese neben der Schutzhalle am Weststrand (Familienstrand)
Strand: Sandstrand, Länge: je ca. 500 m, Gebühr: in Kurabgabe enthalten.
Sonstiges: Hundetoilettenbeutel vorhanden. Rest. vor Ort. Sport. Spielplatz. Strandkorbvermietung.
Ausflugsziele: Bademuseum, Alter Kirchhof, Leuchtturm, Napoleonschanze, Fischerhaus-Museum
Weitere Infos: Tourist-Information im Conversationshaus, 26548 Norderney
Tel. 04932-891-131 u. 132, info@norderney.de, www.norderney.de

Baltrum

Hundestrand

Lage: 26572 Baltrum, Strandabschnitt D nach Osten offen
Strand: Sandstrand, Länge: unbegrenzt, Gebühr: in Kurabgabe enthalten.
Sonstiges: Hundetoilettenbeutel vorhanden. Restaurant 5 Geminuten entfernt (im Ort). Sport: Beachvolleyball, Surfen, Kite-Surfen, u.v.m. Spielplatz, Spielhaus (im Ort). Strandkorbvermietung.
Ausflugsziele: Alte Kirche, Dünental, Heimatmuseum im alten Zollhaus
Weitere Infos: Kurverwaltung im Rathaus (Haus Nr. 130), PF 1355, 26572 Baltrum,
Tel. 04939-800, kurverwaltung@baltrum.de, www.baltrum.de

Borkum

Hundestrände

Lage: 26757 Borkum, Linker Hand des Südbads/Höhe Greune Stee
Am Nordbad/Nähe Trampolin, FKK-Strand/Richtung Jugendstrand

Strand: Sandstrand, Länge: 100 - 200 m, Gebühr: in Kurabgabe enthalten.

Sonstiges: Hundetoilettenbeutel vorhanden. Kiosk vor Ort. Sport. Spielplatz. Strandkorbvermietung.

Ausflugsziele: Alter u. Neuer Leuchtturm, Feuerschiff Borkumriff, Museum Deichhaus

Weitere Infos: Tourist-Information Borkum, Am Georg-Schütte-Platz 5,
26757 Nordseeheilbad Borkum, Tel. 01805-807790, info@borkum.de, www.borkum.de

Butjadingen/Burhave

Hundestrand

Lage: 26969 Butjadingen-Burhave und Hundewiese hinter der Spielscheune

Strand: Grünstrand, Länge: ca. 200 m, Gebühr: frei.

Sonstiges: Hundetoilettenbeutel vorhanden. Imbiss vor Ort. Sport: Beach-Volleyball, Drachen steigen, Segeln. Spielplatz, ffn-Nordseelagune in der Nähe. Strandkorbvermietung.

Ausflugsziele: Museum Nationalparkhaus Fedderwardersiel, Melkhus, Helgoland

Weitere Infos: Tourismus-Service Butjadingen GmbH & Co. KG, Strandallee 61, 26969 Butjadingen
Tel. 04733-929210, www.butjadingen.de

Butjadingen/Tossens

Hundestrand

Lage: 26969 Butjadingen-Tossens, unterhalb Strandhalle neben Friesenstrand

Strand: Grünstrand, Länge: ca. 200 m, Gebühr: frei.

Sonstiges: Hundetoilettenbeutel vorhanden. Imbiss vor Ort. Sport: Beach-Volleyball, Drachen steigen, Segeln. Spielplatz, ffn-Friesenstrand nebenan. Strandkorbvermietung.

Ausflugsziele: Museum Nationalparkhaus Fedderwardersiel, Melkhus, Helgoland

Weitere Infos: Tourismus-Service Butjadingen GmbH & Co. KG, Strandallee 61, 26969 Butjadingen
Tel. 04733-929210, www.butjadingen.de

Cuxhaven/Altenbruch

Hundestrände

Lage: 27476 Cuxhaven-Altenbruch, Nähe Rettungsstation

Strand: Grünstrand, Länge: ca. 500 m, Gebühr: in Kurabgabe enthalten.

Sonstiges: Hundetoilettenbeutel vorhanden. Restaurant 700 m entfernt. Sport: Segeln (Liegeplatz), Bojenbad, Angeln. Spielplatz. Strandkorbvermietung.

Ausflugsziele: St.-Nicolai-Kirche, Leuchtturm "Dicke Berta", U-Boot-Archiv, Villa Gehben

Weitere Infos: Cux- Tourismus-Altenbruch, Alter Weg 18, 27478 Cuxhaven,
Tel. 04722-341, ab@tourismus.cuxhaven.de, www.altenbruch.de

Cuxhaven/Grimmershörn

Hundestrände

Lage: 27476 Grimmershörn, zwischen Fährhafen u. Alte Liebe, Aufgang Kurpark
Strand: Grünstrand, Länge: 100 - 200 m, Gebühr: in Kurabgabe enthalten.
Sonstiges: Hundetoilettenbeutel vorhanden. Restaurant vor Ort. Sport: Strandgymnastik, Bojenbad, Kite- u. Windsurfen (für erfahrene Surfer). Spielplatz. Strandkorbvermietung.
Ausflugsziele: Schloss Ritzebüttel, Stadtmuseum, Sealife, Fischereimuseum, "Alte Liebe"
Weitere Infos: Verkehrsverein Cuxhaven 1927 e.V. Central, Lichtenbergplatz, 27472 Cuxhaven, Tel. 04721-36046, info@cuxhaven-touristic.de, www.cuxhaven.de

NORDSEE

Cuxhaven/Sahlenburg

Hundestrand

Lage: 27476 Sahlenburg, Nähe Marineturm
Strand: Sandstrand, Länge: ca. 150 m, Gebühr: in Kurabgabe enthalten.
Sonstiges: Hundetoilettenbeutel vorhanden. Restaurant vor Ort. Sport: Strandgymnastik, Schach Vita-Pacours, Kite- u. Windsurfen. Trampolin, Spielplatz. Strandkorbvermietung.
Ausflugsziele: Nationalparkzentrum Cuxhaven, Wernerwald, Finkenmoor, Heide
Weitere Infos: Cux- Tourismus-Sahlenburg, Nordheimstr. 35, 27476 Cuxhaven, Tel. 04721-28028, sa@tourismus.cuxhaven.de, www.sahlenburg.com

Dorum-Neufeld

Hundestrand

Lage: 27632 Dorum-Neufeld, im südlichenTeil
Strand: Grünstrand, Länge: 250 m, Gebühr: in Kurabgabe enthalten.
Sonstiges: Hundetoilettenbeutel u. Hundedusche vorhanden. Restaurant vor Ort. Sport: Wellenbad, Trampolinanlage, Fussball, Minigolf. Strandkorbvermietung.
Ausflugsziele: Nationalpark-Haus, Deichmuseum, Leuchtturm "Obereversand"
Weitere Infos: Kurverwaltung Land Wursten, Am Kutterhafen 3, 27632 Dorum, Tel. 04741-9600, kurverwaltung@wursterland.de, www.wusterland.de

Dornum-Neßmersiel

Hundestrand

Lage: 27632 Dornum-Neßmersiel, direkt am Hafen
Strand: Grünstrand, Länge: ca 100 m, Gebühr: in Kurabgabe enthalten.
Sonstiges: Hundetoilettenbeutel vorhanden. Imbiss und Restaurant vor Ort. Sport: Surfen, Kite-Surfen. Spielplatz und Strandkorbvermietung am Badestrand.
Ausflugsziele: 2,5 km langer Hunderundwanderweg in Dornumsiel, Dornumer Wasserschloss
Weitere Infos: Tourismus GmbH Gemeinde Dornum, Hafenstr. 3, 26553 Dornum - Dornumersiel, Tel. 04933-91110, info@dornum.de, www.dornum.de

Hundestrände an der Ostsee

##Ückermünde

Stettiner Haff

Lage: 17373 Ueckermünde

Strand: Sandstrand, Länge: 100 m, Gebühr: keine.

Sonstiges: Restaurant vor Ort. Sportmöglichkeiten 200m entfernt.

Ausflugsziele: Uecker-Flossfahrt, Tierpark Ueckermünde, Haffmuseum.

Weitere Infos: Touristik -Information, Ueckerstr. 96, 17373 Ueckermünde
Tel.: 039771-28484, -28485, www.ueckermuende.de, info@ueckermuende.de

Ahlbeck/Usedom

Hundestrand

Lage: 17419 Ahlbeck - nahe der Grenze zu Polen

Strand: Sandstrand, Länge: 500 m, Gebühr: in Kurabgabe enthalten.
Gut zu Fuß und mit dem Fahrrad erreichbar.

Sonstiges: Hundetoilettenbeutel erhältlich. Imbiss vor Ort.
Prospekt "Was kann er dafür..., dass er vier Beine hat?" in der Kurverwaltung erhältlich.

Weitere Infos: Kurverwaltung Seebad Ahlbeck, Dünenstr. 45, 17419 Seebad Ahlbeck,
Tel.: 038378-24497, info@drei-kaiserbaeder.de, www.drei-kaiserbaeder.de

Heringsdorf/Usedom

Hundestrand

Lage: 17424 Heringsdor - zwischen Heringsdorf und Bansin am Sackkanal mit Verbindung zum Gothensee

Strand: Sandstrand, Länge: 200 m, Gebühr: in Kurabgabe enthalten.

Sonstiges: Hundetoilettenbeutel erhältlich. Imbiss und Restaurant vor Ort. Strandkorbvermietung. Prospekt "Was kann er dafür…, dass er vier Beine hat?" in der Kurverwaltung erhältlich.

Weitere Infos: Kurverwaltung Seeheilbad Heringsdorf Kulmstraße 33, 17424 Seebad Heringsdorf, Tel.: 038378-24454, heringsdorf@drei-kaiserbaeder.de, www.drei-kaiserbaeder.de

Bansin/Usedom

Hundestrand

Lage: 17429 Bansin - linkerhand von der Seebrücke unterhalb vom Forsthaus Langenberg

Strand: Sandstrand, Länge: 200 m, Gebühr: in Kurabgabe enthalten.

Sonstiges: Hundetoilettenbeutel 1km entfernt. Imbiss und Restaurant vor Ort. Prospekt "Was kann er dafür…, dass er vier Beine hat?" in der Kurverwaltung erhältlich.

Weitere Infos: Kurverwaltung Seebad Bansin, An der Seebrücke, 17429 Seebad Bansin, Tel.: 038378-47050, info@drei-kaiserbaeder.de, www.drei-kaiserbaeder.de

Karlshagen-Peenemünde/Usedom

Hundestrand

Lage: 17449 Karlshagen, hinter Karlshagen Richtung Peenemünde
Strand: Sandstrand, Länge: ca. 1000 m, Gebühr: in Kurabgabe enthalten.
Sonstiges: Hundetoilettenbeutel in Karlshagen erhältlich. Längster Hundestrand auf Usedom
Ausflugsziele: U-Boot Museum, Raketenmuseum, Flugzeugmuseum, Phänomenia, Bettenmuseum
Weitere Infos: Touristeninformation, Hauptstraße 36, 17449 Ostseebad Karlshagen,
Tel. 038371-20758, touristinformation@karlshagen.de, www.karlshagen.de

Karlshagen/Usedom

zwischen Strandabschnitt 10 L und 10 K

Lage: 17449 Karlshagen
Strand: Sandstrand, Länge: 100 m, Gebühr: keine.
Sonstiges: Hundetoilettenbeutel vorhanden. Imbiss vor Ort. Strandkorbvermietung.
Ausflugsziele: Naturschutzzentrum Karlshagen.
Weitere Infos: Touristeninformation, Hauptstraße 36, 17449 Ostseebad Karlshagen,
Tel 038371-20758, touristinformation@karlshagen.de, www.karlshagen.de

Trassenheide/Usedom

Hundestrände

Lage: 17449 Trassenheide, Höhe Dünenstraße und Campingplatz
Strand: Sandstrand, Länge: ca. je 200 m, Gebühr: in Kurabgabe enthalten.
Sonstiges: Hundetoilettenbeutel vorhanden. Restaurant 150 - 200 m entfernt.
Ausflugsziele: Mühle, Schmetterlingsfarm, Kopfüber-Haus
Weitere Infos: Kurverwaltung Ostseebad Trassenheide, Strandstr. 36, 17449 Seebad Trassenheide,
Tel. 038371-20928, kontakt@trassenheide.de, www.trassenheide.de

Zinnowitz/Usedom

Hundestrand

Lage: 17454 Zinnowitz
Strand: Sandstrand, Länge: 200 m, Gebühr: in Kurabgabe enthalten.
Sonstiges: Hundetoiletten und Hundetoilettenbeutel vorhanden. Getränke-/Fischimbiss in der Nähe. Sport: Volleyball. Strandkorbvermietung.
Ausflugsziele: Tauchgondel mit 3D-Unterseekino, Ostseebühne, Bernsteintherme.
Weitere Infos: Kurverwaltung des Ostseebades Zinnowitz, Neue Strandstr. 30, 17454 Zinnowitz,
Tel. 038377-4920, info@kv-zinnowitz.de, www.zinnowitz.de

Koserow/Usedom

Hundestrand

Lage: 17459 Koserow

Strand: Sandstrand, Länge: 150 m, Gebühr: in Kurabgabe enthalten.

Sonstiges: Hundetoilettenbeutel im Ort und Zugang Seebrücke vorhanden. Imbiss und Restaurant 300 m entfernt.

Ausflugsziele: Atelier Niemeyer-Holstein, Streckelberg, Salzhütten

Weitere Infos: Kurverwaltung Koserow, Hauptstr. 34, 17459 Koserow,
Tel. 038375-20415, KV-Koserow@t-online.de, www.koserow.de

OSTSEE

Zempin/Usedom

Hundestrand

Lage: 17459 Zempin, Ende Campingplatz und Möwenweg

Strand: Sandstrand, Länge: jeweils 100 m, Gebühr: keine.

Sonstiges: Hundetoilettenbeutel vorhanden. Restaurant 200 m entfernt bzw. Imbiss vor Ort. Sport: Volleyball 200 bzw. 50 m entfernt. Strandkorbvermietung am Möwenweg.

Ausflugsziele: Alte Fischräucherei, Orts- und Naturlehrpfad, Otto Scheele

Weitere Infos: Fremdenverkehrsamt Seebad Zempin, Fischerstr. 1, 17459 Seebad Zempin,
Tel. 038377-42162, seebad-zempin@t-online.de, www.seebad-zempin.de

Ückeritz/Usedom

Hundestrand

Lage: 17459 Seebad Ückeritz, Richtung Loddin

Strand: Sandstrand, Länge: 300 m, Gebühr: in Kurabgabe enthalten.

Sonstiges: Hundetoilettenbeutel vorhanden. Imbiss vor Ort.

Ausflugsziele: Naturschutzgebiet im Nationalpark, Naturlehrpfad "Wockninsee"

Weitere Infos: Kurverwaltung Tourist Information Seebad Ückeritz, Bäderstr. 5, 17459 Seebad Ückeritz, Tel. 038375-2520, kv.ueckeritz@t-online.de, www.ueckeritz.de

Lubmin

Hundestrand

Lage: 17509 Lubmin, westlich Abgang 1 (Heimvolkshochschule) und östlich Abgang 15 (Wolfsschlucht)

Strand: Sandstrand, Länge: jeweils 200 - 300 m, Gebühr: keine.

Sonstiges: Hundetoilettenbeutel 300 m entfernt. Eisdiele und Restaurant 200m entfernt.

Ausflugsziele: Natur und Umweltpark Güstrow, Schmetterlingsfarm Trassenheide

Weitere Infos: Kurverwaltung, Freester Str. 8, 17509 Lubmin,
Tel. 038354-22011, www.lubmin.de, lubmin@t-online.de

Rostock-Warnemünde Strandblöcke 10 und 11

Lage: 18119 Rostock-Warnemünde, Markgrafenheide/Hohe Düne
Strand: Sand-/Steinstrand, Länge: 200 m, Gebühr: keine.
Sonstiges: Hundetoilettenbeutel vorhanden. Imbiss und Restaurant 200m entfernt.
Ausflugsziele: Alter Strom mit Kapitäns- und Fischerhäusern (1,5 km), Leuchtturm (1,5 km), Teepott mit Cafés, Restaurants und Ausstellung (1,5 km), neogotische Kirche Warnemünde (1,5 km)
Weitere Infos: Tourist-Information Warnemünde, Am Strom 59 / Ecke Kirchenstraße, 18119 Rostock-Warnemünde, Tel. 0381-548000, touristinfo@rostock.de, www.rostock.de

Rostock-Warnemünde Strandblock 33 und 37

Lage: 18119 Rostock-Warnemünde, Rostock-Diedrichshagen
Strand: Sand-/Steinstrand, Länge: 100 m, Gebühr: keine.
Sonstiges: Hundetoilettenbeutel vorhanden. Imbiss u. Restaurant 250 m entfernt. Sport: Volleyball.
Ausflugsziele: Alter Strom mit reizvollen Kapitäns- und Fischerdörfern, Leuchtturm, Teepott, historisches Stadtzentrum
Weitere Infos: Tourist-Information Warnemünde, Am Strom 59 / Ecke Kirchenstraße, 18119 Rostock-Warnemünde, Tel. 0381-548000, touristinfo@rostock.de, www.rostock.de

Graal-Müritz Aufgänge 7, 18-19, 37, 46-47

Lage: 18181 Ostseeheilbad Graal-Müritz
Strand: Sandstrand, Länge: insg. 2 km, Gebühr: in Kurabgabe enthalten, Aufgänge einsehbar im Stadtplan auf der Website.
Sonstiges: Imbiss vor Ort. Sport: Volleyball. Strandkorbvermietung.
Ausflugsziele: Hochmoor, Seebrücke, Aquadrom
Weitere Infos: Tourismus- und Kur GmbH, Rostocker Straße 3, 18181 Ostseeheilbad Graal-Müritz, Tel. 038206-7030, touristinformation.tuk@graal-mueritz.de, www.graal-mueritz.de

Börgerende Hundestrand

Lage: 18211 Börgerende
Strand: Sand-/Steinstrand, Länge: 500 m, Gebühr: keine.
Sonstiges: Restaurant und Imbiss 700 m entfernt.
Ausflugsziele: Heiligendamm (3km), Bad Doberan, Ostseebad Warnemünde, Rostock
Weitere Infos: Touristen-Information Börgerende-Rethwisch, Seestr. 12, 18211 Rethwisch, Tel. 038203-74973, info.boergerende-rethwisch@t-online.de, www.boergerende-rethwisch.de

Kühlungsborn
Bootshafen, Campingplatz

Lage: 18225 Kühlungsborn, hinter Bootshafen, Campingplatz
Strand: Sandstrand, Länge: jeweils ca. 50 m, Gebühr: in Kurabgabe enthalten.

Sonstiges: Hundetoilettenbeutel vorhanden. Restaurant bis zu 300 m entfernt. Sport: Trampolin, Kletterwald, Voleyball, Strandfussball u.v.m.
Ausflugsziele: längste Strandpromenade Deutschlands 3 km. Leuchtturm, Molly (Dampfbahn)
Weitere Infos: Haus des Gastes "L A E T I T I A", Ostseeallee 19, 18225 Ostseebad- Kühlungsborn, Tel. 038293-8490, info@kuehlungsborn.de, www.kuehlungsborn.de

OSTSEE

Kühlungsborn
Strandzugang 16

Lage: 18225 Kühlungsborn, Mitte
Strand: Sandstrand, Länge: ca. 50 m, Gebühr: in Kurabgabe enthalten.

Sonstiges: Hundetoilettenbeutel vorhanden. Restaurant bis zu 300 m entfernt. Strandkorbvermietung. Sport: Trampolin, Kletterwald, Voleyball, Strandfussball u.v.m.
Ausflugsziele: längste Strandpromenade Deutschlands 3 km. Leuchtturm, Molly (Dampfbahn)
Weitere Infos: Haus des Gastes "L A E T I T I A", Ostseeallee 19, 18225 Ostseebad- Kühlungsborn, Tel. 038293-8490, info@kuehlungsborn.de, www.kuehlungsborn.de

Kägsdorf
Hundestrand

Lage: 18230 Kägsdorf, Richtung Kühlungsborn
Strand: Naturstrand, Länge: ca. 4 km, Gebühr: keine.
Sonstiges: Imbiss vor Ort. Sport: Surfen.
Ausflugsziele: Leuchtturm Bastorf 1km, Kühlungsborn 7 km, Rerik 11 km, Riedensee
Weitere Infos: Gutshof Bastorf, Kühlungsborner Straße 1, 18230 Bastorf, Tel. 038293-6450, TGV@Bastorf.de, www.bastorf.de

Rerik
Strandzugang Teufelsschlucht, Wustrower Hals und Meschendorf

Lage: 18230 Ostseebad Rerik
Strand: Stein-/Sandstrand, Länge: jeweils 1 km, Gebühr: in Kurabgabe enthalten.

Sonstiges: Hundetoilettenbeutel vorhanden. Imbiss und Restaurant 100 m entfernt. Sport: Volleyball 1 km entfernt. Strandzugänge in der Strandordnung einsehbar / vgl. Website.
Weitere Infos: Kurverwaltung Ostseebad Rerik, Dünenstraße 7, 18230 Ostseebad Rerik, Tel. 038296-78429, info@rerik.de, www.rerik.de.

Ahrenshoop/Darß
Übergang 13 und 3

Lage: 18347 Ahrenshoop, Zentrum (Übergang 13), Richtung Born (Übergang 3)

Strand: Sandstrand, Länge: ca. 500 m / 800 m, Gebühr: in Kurabgabe enthalten.

Sonstiges: Hundetoilettenbeutel 300 m entfernt. Eisdiele und Restaurant 200m entfernt. Strandkorbverleih.

Ausflugsziele: Kunsthäuser, Klanggalerie, Käthe-Miethe-Bibliothek, Schifferkirche, Regionalarchiv

Weitere Infos: Kurverwaltung Ahrenshoop, Kirchnersgang 2, 18347 Ostseebad Ahrenshoop, Tel. 038220-666610, ahrenshoop@t-online.de, www.ostseebad-ahrenshoop.de

Dierhagen/Darß
Strandzugänge 9, 16, und 23

Lage: 18347 Ostseebad Dierhagen, Dierhagen-Ost u. -Strand, Neuhaus

Strand: Sandstrand, Länge: jeweils 50 m, Gebühr: in Kurabgabe; Hund: 1€/Tag.

Sonstiges: Hundetoilettenbeutel im Ort vorhanden. Restaurants vor Ort. Strandkorbvermietung u. versch. Sportmöglichkeiten außerhalb der Hundestrände. Hundeflyer "Bello(s)pass" auf Website.

Ausflugsziele: Museum für Meereskunde, Leuchtturm Darßer Ort, verschiedene Bootsfahrten.

Weitere Infos: Kurverwaltung Dierhagen, Ernst-Moritz-Arndt-Straße 2, 18347 Ostseebad- Dierhagen, Tel. 038226-201, KV.Dierhagen@t-online.de, www.ostseebad-dierhagen.de

Wustrow/Darß
zwischen Strandübergang 8 und 9

Lage: 18347 Wustrow

Strand: Naturstrand, Länge: 100 m, Gebühr: in Kurabgabe; Hund 1€/Tag.

Sonstiges: Hundetoilettenbeutel am Strand erhältlich. Spielplatz im Ort

Ausflugsziele: Kirchturm, Fischländer Hafen, Kapitänshäuser

Weitere Infos: Kurverwaltung, Wustrow, Ernst-Thälmannstr. 11, Tel. 038220-251 oder -253, kurverwaltung@ostseebad-wustrow.de, www.ostseebad-wustrow.de

Zingst/Darß

Strandübergang 3A und 15B

Lage: 18374 Zingst, östlich und westlich vom Ort
Strand: Sandstrand, Länge: je ca. 150 m, Gebühr: in Kurabgabe enthalten.
Sonstiges: Hundetoilettenbeutel bei Zimmervermittlung im Kurhaus erhältlich. Imbiss und Restaurant in der Nähe (15B). Sport (Übergang 16). Strandkorbvermietung (Übergang 8/11/13/15).
Ausflugsziele: Museumshof Zingst, Experimentarium, Kapitänsetage Museumshof Zingst
Weitere Infos: Kurverwaltung Zingst, Seestr. 56, 18374 Ostseeheilbad Zingst,
Tel. 038232-8150, info@zingst.de, www.zingst.de

OSTSEE

Prerow/Darß

Übergang 22 zu 23

Lage: 18375 Prerow, Hohe Düne
Strand: Sandstrand, Länge: 250 m, Gebühr: in Kurabgabe enthalten.
Sonstiges: Hundetoilettenbeutel im Kur- und Tourismusbetrieb sowie am Info-Kiosk am Hauptübergang erhältlich. Restaurant und Eisdiele 400m entfernt. Sportmöglichkeiten, Spielplatz vorhanden.
Ausflugsziele: Leuchtturm Darßer Ort, Darß-Museum, Seemannskirche
Weitere Infos: Kur- und Tourismusbetrieb des Ostseebad Prerow, Gemeindeplatz 1, 18375 Prerow,
Tel. 038233-6100, info@ostseebad-prerow.de, www.ostseebad-prerow.de

Born/Prerow/Darß

westlich von 34

Lage: 18375 Born, 200m westlich vom Bernsteinweg (Prerow)
Strand: Sandstrand, Länge: ca. 800 m, Gebühr: in Kurabgabe enthalten.
Sonstiges: Hundetoilettenbeutel im Ort vorhanden.
Ausflugsziele: Forst- und Jagdmuseum, Fischerkirche von1935, Hafen
Weitere Infos: Kurverwaltung der Gemeinde Born, Chausseestraße 73b, 18375 Born auf dem Darß, Tel. 038234-50421, info@darss.org, www.darß.org

Hiddensee

Hundestrände

Lage: Insel Hiddensee, der gesamte Weststrand bis auf einige Ausnahmen. Diese sind:
- Kloster, Strandzugänge Heimatmuseum bis Harter Ort;
- Vitte, von Norderende bis Süderende
- Neuendorf, Beginn Innendeich Richtung Vitte bis Ende Innendeich Plogshagen.
Nähere Infos: Flyer für Hundehalter auf der Homepage im Link Prospekte

Strand: Sandstrand, Länge: insg. ca 6 km, Gebühr: in Kurabgabe enthalten.

Sonstiges: Hundetoilettenbeutel vorhanden. Restaurant, Cafe, Eisdiele, Spielplatz in Grieben, Kloster, Vitte, Neuendorf vorhanden. Sport: Surf- und Segelschule in Vitte. Strandkorbvermietung.

Ausflugsziele: Lietzenburg - Haus von Oskar Kruse, Blaue Scheune in Vitte, Haus Karusel/Asta-Nielsen-Haus, Sommervilla am Seglerhafen, Leuchtturm, Heimatmuseum

Weitere Infos: Insel Information Hiddensee GmbH, Norderende 162, 18565 Vitte, Tel. 038300-64227, insel.information@t-online.de, www.seebad-hiddensee.de

OSTSEE

Nonnevitz

Hundestrand

Lage: 18556 Dranske-Nonnevitz, am Campingplatz

Strand: Sandstrand, Länge: 150 m, Gebühr: keine.

Sonstiges: Hundetoilettenbeutel erhältlich. Restaurant vor Ort (im Sommer). Sportmöglichkeiten und Spielplatz vorhanden.

Ausflugsziele: Kap Arkona, Insel Hiddensee

Weitere Infos: Wittow-Touristik und Reise GmbH, Nonnevitz 13, 18556 Dranske-Nonnevitz, Tel. 038391-8730, nonnevitz@regenbogen-camp.de, www.regenbogen-camp.de

Gager/Rügen

Campingplatz

Lage: 18586 Gager, vor Ort gekennzeichnete Strandabschnitte

Strand: Sandstrand, Länge: 150 m - 250 m, Gebühr: in Kurabgabe enthalten.

Sonstiges: Hundetoilettenbeutel erhältlich. Restaurant und Eisdiele vor Ort. Spielplatz vorhanden.

Ausflugsziele: Königsstuhl, Schlosspark in Putbus, Jasmunder Bodden, Freizeit- u. Miniaturpark Gingst, Dorfkirche Groß Zicker, Groß Zicker Pfarrwitwenhaus.

Weitere Infos: Kurverwaltung Gager, Zum Hövt 15a, 18586 Gager, Tel. 038308-8210 od. -30199, kv-gager-gr.zicker@t-online.de, www.campingplatz-ruegen.de

Baabe/Rügen

Hundestrand

Lage: 18586 Baabe, Fischerstrand Richtung Göhren
Strand: Sandstrand, Länge: 500 m, Gebühr: in Kurabgabe enthalten.
Sonstiges: Imbiss und Restaurant vor Ort und 350 m entfernt. Sport: Volleyball.
Ausflugsziele: Mönchguter Museen, Granitz-Jagdschloss, Kreideküste
Weitere Infos: Kurverwaltung Ostseebad Baabe, Am Kurpark 9, 18586 Ostseebad Baabe
Tel. 038303-1420, KVbaabe@t-online.de, www.baabe.de

OSTSEE

Göhren/Rügen

Strandabgänge 17, 18 und 19

Lage: 18586 Göhren, Nordstrand
Strand: Sandstrand, Länge: 250 m. Gebühr: keine.
Sonstiges: Hundetoilettenbeutel vorhanden. Imbiss und Restaurant vor Ort. Sport: Tennis. Strandkorbvermietung.
Ausflugsziele: Bernsteinpromenade mit Seebrücke und Kurpavillon, Mönchguter Museen
Weitere Infos: Kurverwaltung Ostseebad Göhren, Poststraße 9, 18586 Ostseebad Göhren,
Tel. 038308-66790, kv@goehren-ruegen.de, www.goehren-ruegen.de

Sellin/Rügen

Hauptstrand

Lage: 18586 Sellin, linker Hand Seebrücke
Strand: Sand-/Steinstrand, Länge: 100 m, Gebühr: in Kurabgabe enthalten
Sonstiges: Imbiss vor Ort. Strandkorbverleih.
Ausflugsziele: Seebrücke, größte Tauchgondel Europas, Mühle Altensin
Weitere Infos: Kurverwaltung Ostseebad Sellin, Warmbadstraße 4, 18586 Ostseebad Sellin,
Tel. 038303-160, kv@ostseebad-sellin.de, www.ostseebad-sellin.de

Sellin/Rügen

Südstrand/Cliffhotel

Lage: 18586 Sellin, Abgang 1 / hinter dem Cliffhotel
Strand: Sandstrand, Länge: je 100 m, Gebühr: in Kurabgabe enthalten.
Sonstiges: Südstrand: Imbiss vor Ort. Strandkorbverleih, Sport: Wasserrutsche, Volleyball, Tretbootverleih, Kinderanimation.
Ausflugsziele: Seebrücke, größte Tauchgondel Europas, Mühle Altensin
Weitere Infos: Kurverwaltung Ostseebad Sellin, Warmbadstraße 4, 18586 Ostseebad Sellin,
Tel. 038303-160, kv@ostseebad-sellin.de, www.ostseebad-sellin.de

Thiessow/Rügen

Hundestrand

Lage: 18586 Thiessow

Strand: Sandstrand, Länge: 70 m, Gebühr: in Kurabgabe; Hund 1€/Tag

Sonstiges: Hundetoilettenbeutel vorhanden. Imbiss 250 m entfernt. Sport: Skaterbahn.

Ausflugsziele: Lotsenturm, Lotsenmuseum

Weitere Infos: Kurverwaltung Ostseebad Thiessow, Hauptstraße 36, 18586 Thiessow, Tel. 038308-8280, ostseebad-thiessow@t-online.de, www.ostseebad-thiessow.de

Binz/Rügen

Abgang 1

Lage: 18609 Binz, Abgang 1 - Fischerstrand

Strand: Steinstrand, Länge: nicht begrenzt, Gebühr: in Kurabgabe; Hund 0,5 €/Tag

Sonstiges: Hundetoilettenbeutel an der Promenade vorhanden. Imbiss (Abgang 6), Restaurant (Abgang3) und Kiosk vorhanden, Strandkorbverleih (Abgang 6 melden), Toiletten (Abgang 5).

Ausflugsziele: Jagdschloß Granitz, KulturKunststatt Prora, Rasender Roland, Feuersteinfelder

Weitere Infos: Kurverwaltung Haus des Gastes, Heinrich Heine Str. 7, 18609 Ostseebad Binz Tel. 038393-32515, kv-binz@t-online.de, www.ostseebad-binz.de

Binz/Rügen

Abgang 52, Abgang 73 bis 74

Lage: 18609 Binz, Abgang 52 - Strandpromenade, Abgang 73 bis 74 - Prora

Strand: Sandstrand, Länge: je 200 - 250 m, Gebühr: in Kurabgabe; Hund 0,5 €/Tag

Sonstiges: Hundetoilettenbeutel an der Promenade vorhanden. Imbiss (Abgang 52), Kiosk vor handen, Strandkorbverleih, Toiletten (Abgang 51). Prora: Naturbelassener Strand.

Ausflugsziele: Jagdschloß Granitz, KulturKunststatt Prora, Rasender Roland, Feuersteinfelder.

Weitere Infos: Kurverwaltung Haus des Gastes, Heinrich Heine Str. 7, 18609 Ostseebad Binz Tel. 038393-1480, kv-binz@t-online.de, www.ostseebad-binz.de

Breege-Juliusruh

Hundestrand

Lage: 18556 Juliusruh, Höhe Badeweg

Strand: Sandstrand, Länge: 500 m, Gebühr: keine.

Sonstiges: Restaurant, Strandkorbverleih und Sport: Volleyball, Strandfußball, Bananenboot 500 m entfernt.

Ausflugsziele: Kapitänshäuser (18. und 19.Jhd), Leuchttürme am Kap Arkona, Fischerörtchen Vitt

Weitere Infos: Informationsamt Breege-Juliusruh, Wittower Straße 5, 18556 Juliusruh, Tel. 038391-311, seebad-breege@t-online.de, www.breege.de

Travemünde
Priwall

Lage: 23570 Travemünde, hinter Personenfähre
Strand: Sand-/Steinstrand, Länge: 100 m, Gebühr: 1 €/Pers./Tag
Sonstiges: Hundetoilettenbeutel vorhanden. Restaurant 400 m entfernt. Cafe, Imbiss, Sportmöglichkeiten und Spielplatz 200 m entfernt. Strandkorbvermietung.
Ausflugsziele: Fischereihafen, Seebadmuseum, alter Leuchtturm, historischer Stadtkern
Weitere Infos: Lübeck & Travemünde Tourist-Service GmbH, Bertlingstr. 21, Strandbahnhof, 23570 Travemünde, Tel. 04502-99890150, www.travemuende.de, info@luebeck-tourismus.de

Travemünde
Brodtener Ufer

Lage: 23570 Travemünde, hinter Seebadeanstalt Möwenstein
Strand: Stein-/Sandstrand, Länge: 100 m. Gebühr: keine, Badesteg für Hunde.
Sonstiges: Hundetoilettenbeutel vorhanden. Hundewald im Israelsdorfer Forst. Hundesauslaufplatz im Dänischburger Forst.
Ausflugsziele: Fischereihafen, Seebadmuseum, alter Leuchtturm, historischer Stadtkern
Weitere Infos: Lübeck & Travemünde Tourist-Service GmbH, Bertlingstr. 21, Strandbahnhof, 23570 Travemünde, Tel. 04502-99890150, www.travemuende.de, info@luebeck-tourismus.de

OSTSEE

Timmendorfer Strand
Hundestrand

Lage: 23669 Timmendorfer Strand-Niendorf, linkerhand vom Niendorfer Hafen
Strand: Sandstrand, Länge: 250 m, Gebühr: keine.
Sonstiges: Hundetoilettenbeutel vorhanden. Imbiss vor Ort. Strandkorbvermietung.
Ausflugsziele: Vogelpark Niendorf, Sea Life, Eselpark Nessendorf
Weitere Infos: Timmendorfer Strand Niendorf Tourismus GmbH, Timmendorfer Platz 10, 23669 Timmendorfer Strand, Tel. 04503-35770, info@timmendorfer-strand.de, www.timmendorfer-strand.de

Scharbeutz-Haffkrug
Hundestrand

Lage: 23683 Scharbeutz-Haffkrug
Strand: Sandstrand, Länge: jeweils 100 m, Gebühr: keine.
Sonstiges: Hundetoilettenbeutel vorhanden. Restaurant vor Ort. Sport: Surfen, Segeln. Strandkorbvermietung.
Ausflugsziele: Sea Life-Center Timmendorfer Strand, Gut Garkau
Weitere Infos: Tourismus-Service Scharbeutz, Strandallee 134, 23683 Scharbeutz, Tel. 04503-770964, info@scharbeutz.de, www.scharbeutz.de

Grömitz

Hundestrand

Lage: 23743 Grömitz, Promenade Nord und Lensterstrand Naturstrand

Strand: Stein-/Sandstrand, Länge: 1700 m bzw. 400 m, Gebühr: keine.

Sonstiges: Hundetoilettenbeutel beim Tourismusservice erhältlich. Restaurant, Imbiss vor Ort. Strandkorbvermietung.

Ausflugsziele: Grömitzer Zoo Arche Noah, Klosterdorf Cismar, Haus der Natur

Weitere Infos: Tourismus-Service Grömitz, Kurpromenade 58, 23743 Grömitz,
Tel. 01805-233455, info@groemitz.de, www.groemitz.de

Neustadt

Leuchtturm Pelzerhaken

Lage: 23730 Neustadt, Leuttturm Pelzerhaken

Strand: Naturstrand, Länge: 100 m, Gebühr: 2,50 €/Pers./Tag.

Sonstiges: Hundetoilettenbeutel an der Promenade erhältlich. Restaurant, Imbiss 400 m entfernt.

Ausflugsziele: Pagodenspeicher, Museum Neustadt in Holstein, Umwelthaus Neustädter Bucht

Weitere Infos: Tourismusservice Neustadt, Dünenweg 7, 23730 Neustadt,
Tel. 04561-539910, tourismus-service@neustadt-holstein.de, www.neustadt-holstein.de

Neustadt

Pelzerhaken

Lage: 23730 Neustadt, zwischen Pelzerhaken und Rettin, Ecke Eschenweg Richtung Neustadt

Strand: Sandstrand, Länge: 200 m und 50 m, Gebühr: keine.

Sonstiges: Hundetoilettenbeutel an der Promenade erhältlich. Restaurant, Imbiss 400 m entfernt.

Ausflugsziele: Pagodenspeicher, Museum Neustadt in Holstein, Umwelthaus Neustädter Bucht

Weitere Infos: Tourismusservice Neustadt, Dünenweg 7, 23730 Neustadt,
Tel. 04561-539910, tourismus-service@neustadt-holstein.de, www.neustadt-holstein.de

Kellenhusen

Nordstrand und Südstrand

Lage: 23746 Kellenhusen

Strand: Sandstrand, Länge: 200 m bzw. 100 m, Gebühr: keine.

Sonstiges: Hundetoilettenbeutel im Ort erhältlich. Restaurant/Café/Bistro vor Ort bzw. 150 m entfernt. Sport: Minigolf, Segeln bzw. Ballsportarten, Surfen, Golf. Strandkorbvermietung.

Ausflugsziele: Kloster Cismar

Weitere Infos: Kurbetrieb Kellenhusen, Strandpromenade 15, 23746 Kellenhusen,
Tel. 04364-497514, heiko.behrens@kellenhusen.de, www.kellenhusen.de

Dahme

Hundestrände

Lage: 23747 Dahme, südlich und nördlich der Promenade
Strand: Sandstrand, Länge: ca. 250 m / 800 m, Gebühr: in Kurabgabe enthalten.
Sonstiges: Hundetoilettenbeutel in der Kurverwaltung erhältlich. Restaurant und Imbiss 500 m entfernt. Sport: Surfschule. Strandkorbvermietung. Spielplatz. Hundetraining (Nordstrand).
Ausflugsziele: Dahmer Leuchtturm, Hansapark in Sierksdorf, Museumshof in Lensahn
Weitere Infos: Kurbetrieb Dahme, Strandpromenade 15, 23474 Dahme,
Tel. 04364-49200, info@dahme.com, www.dahme.com

Weissenhäuser Strand

Hundestrand

Lage: 23758 Weissenhäuser Strand, Richtung Steilküste
Strand: Sandstrand, Länge: 150 m, Gebühr: in Kurabgabe enthalten.
Sonstiges: Restaurant vor Ort. Sport: Bootsverleih, Katamaran. Strandkorbvermietung.
Ausflugsziele: Schloss Weissenhaus, Gut Testorf, Gut Farve, Hünengräber
Weitere Infos: Tourist-Information Weissenhäuser Strand, Seestr.1, 23758 Weissenhäuser Strand,
Tel. 04361-5540, info@weissenhaeuserstrand.de, www.weissenhaeuserstrand.de

OSTSEE

Weissenhaus Brük

Hundestrand

Lage: 23758 Weissenhäuser Strand, Brük
Strand: Naturstrand, Länge: ca. 200 m, Gebühr: keine.
Sonstiges: Restaurant vor Ort, Strandkorbvermietung (für 2010 geplant).
Ausflugsziele: Schloss Weissenhaus, Gut Testorf, Gut Farve, Hünengräber
Weitere Infos: Tourist-Information Weissenhäuser Strand, Seestr.1, 23758 Weissenhäuser Strand,
Tel. 04361-5540, info@weissenhaeuserstrand.de, www.weissenhaeuserstrand.de

Heiligenhafen

Hundestrand

Lage: 23774 Heiligenhafen, östlich der DLRG Hauptstation
Strand: Sandstrand, Länge: 150 m, Gebühr: 2,30 € (HS) / 1,50 € (NS) /Pers./Tag.
Sonstiges: Hundetoilettenbeutel vorhanden. Imbiss, Restaurant vor Ort. Sport: Beachvolleyball, Tretbootverleih. Spielplatz 200 m. Strandkorbvermietung 6,50 € / Tag.
Ausflugsziele: Fähre nach Dänemark in Puttgarden, U-Boot Burgstaaken auf Fehmarn
Weitere Infos: Tourismus-Service Heiligenhafen, Bergstr. 43, 23774 Heiligenhafen,
Tel. 04362-90720, Tourist-info@heiligenhafen.de, www.heiligenhafen-touristik.de

Boltenhagen

Hundestrände

Lage: 23946 Ostseebad Boltenhagen, westlich Hauptstrand und Aufgang 22

Strand: Steilufer-/Sandstrand, Länge: je 500 m, Gebühr: in Kurabgabe enthalten.

Sonstiges: Hundetoilettenbeutel an öffenlichen WCs vorhanden. Imbiss und Restaurant 500 m entfernt.

Ausflugsziele: Seebrücke 290 m lang, Kurpark, Ostsee-Thermalbad, Kurhaus.

Weitere Infos: KV Ostseebad Boltenhagen, Ostseeallee 4, 23946 Ostseebad- Boltenhagen, Tel. 03882-536010, ostseebad-boltenhagen@t-online.de, www.boltenhagen.de

Beckerwitz

Hundestrand

Lage: 23968 Beckerwitz, östlich vom Campingplatz

Strand: Naturstrand, auch mit Steinen, Länge: 4 km, Gebühr: keine.

Sonstiges: Hundetoiletten/ -beutel am Campingplatz vorhanden. Kleiner Imbiss vor Ort.

Ausflugsziele: Steinzeitdorf, Kreativ-Werkstatt Schloß Plüschow, Wismar, Stover Mühle, Insel Poel, Dorfmuseum Zierow, Kreisagrarmuseum Dorf Mecklenburg

Weitere Infos: Gutshaus-Gramkow, Familie Dubbert, Altes Gutshaus 1, 23968 Gramkow, Tel. 038428-64647, urlaub@gutshaus-gramkow.de, www.gutshaus-gramkow.de

Wohlenberg

Hundestrand

Lage: 23948 Wohlenberg, westlich vom Anleger

Strand: Naturstrand, Länge: ca. 200 m, Gebühr: keine.

Sonstiges: Restaurant 200 m entfernt. Spielplatz 100 m entfernt. Strandkorbvermietung im Hotel.

Ausflugsziele: Das Schloss Bothmer im Klützer Winkel, " Unser kleines Museum" im Feriendorf an der Ostsee

Weitere Infos: Stadtinformation Klütz, Im Thurow 14, 23948 Klütz, Tel. 038825-22195, Fiz-kluetz@t-online.de, www.kluetzer-winkel.de

Am Schwarzen Busch/Poel

Hundestrände

Lage: 23999 Am Schwarzen Busch, westliches Strandende / Richtung Steilküste

Strand: Sandstrand, Länge: je 200 m, Gebühr: Erw. 1 €; Ki. 0,50 €/Pers./Tag.

Sonstiges: Hundetoilettenbeutel am Weg zu den Hundestränden erhältlich. Restaurant, Eis-, Crepes- und Imbissbude vor Ort. Sport: Minigolf, Volleyball, Tischtennis. Strandkorbvermietung.

Ausflugsziele: Inselkirche, Leuchtturm in Timmendorf, Inselmuseum

Weitere Infos: Kurverwaltung Ostseebad Insel Poel, Wismarsche Str. 2, 23999 Ostseebad Insel Poel/OT Kirchdorf, Tel. 038425-20347, kurverwaltung@insel-poel.de, www.insel-poel.de

Gollwitz/Poel

Hundestrand

Lage: 23999 Gollwitz, westlich vom Leuchtfeuer

Strand: Sandstrand, Länge: 200 m, Gebühr: Erw. 1 €; Ki. 0,50 €/Pers./Tag.

Sonstiges: Hundetoilettenbeutel am Weg zu den Hundestränden erhältlich. Gaststätte und Kiosk ca. 800 m entfernt, Sport: Volleyball. Strandkorbvermietung

Ausflugsziele: Inselkirche, Leuchtturm in Timmendorf, Inselmuseum

Weitere Infos: Kurverwaltung Ostseebad Insel Poel, Wismarsche Str. 2, 23999 Ostseebad Insel Poel/OT Kirchdorf, Tel. 038425-20347, kurverwaltung@insel-poel.de, www.insel-poel.de

OSTSEE

Timmendorf/Poel

Hundestrand

Lage: 23999 Timmendorf, östliches Ende Timmendorf Strand

Strand: Sandstrand, Länge: 200 m, Gebühr: Erw. 1 €; Ki. 0,50 €/Pers./Tag.

Sonstiges: Hundetoilettenbeutel am Weg zu den Hundestränden erhältlich. Restaurant, Cafe und Imbiss vor Ort. Sport: Volleyball, Tretboot, Minigolf, Wasser- und Jetski. Strandkorbvermietung.

Ausflugsziele: Inselkirche, Leuchtturm in Timmendorf, Inselmuseum

Weitere Infos: Kurverwaltung Ostseebad Insel Poel, Wismarsche Str. 2, 23999 Ostseebad Insel Poel/OT Kirchdorf, Tel. 038425-20347, kurverwaltung@insel-poel.de, www.insel-poel.de

Wangern/Poel

Hundestrand/FKK

Lage: 23999 Wangern, westliches Ende von Poel

Strand: Naturstrand, Länge: 1000 m, Gebühr: keine.

Sonstiges: Hundetoilettenbeutel am Weg zu den Hundestränden erhältlich.

Ausflugsziele: Inselkirche, Leuchtturm in Timmendorf, Inselmuseum

Weitere Infos: Kurverwaltung Ostseebad Insel Poel, Wismarsche Str. 2, 23999 Ostseebad Insel Poel/OT Kirchdorf, Tel. 038425-20347, kurverwaltung@insel-poel.de, www.insel-poel.de

Falckensteiner Strand

Hundestrand

Lage: 24159 Kiel-Friedrichsort, angrenzend an Jugendgruppenzeltplatz

Strand: Steinstrand, Länge: 300 m, Gebühr: keine.

Sonstiges: Hundetoilettenbeutel direkt am Restaurant. Restaurant vor Ort. Katamaran und Surfschule 100 m entfernt.

Ausflugsziele: Friedrichsorter Leuchtturm, Festung Friedrichsort

Weitere Infos: Kiel-Marketing e.V., Geschäftsbereich Tourismus, Andreas-Gayk-Str. 31B, 24103 Kiel, Tel. 0431-679100, info@kurskiel.de, www.kurskiel.de

Noer-Lindhoeft

Hundestrand

Lage: 24214 Noer-Lindhoeft, Strandabschnitt östlich des Parkplatzes

Strand: Naturstrand, Länge: 300 m, Gebühr: keine.

Sonstiges: Hundetoilettenbeutel direkt am Parkplatz erhältlich. Restaurant und Kiosk vor Ort.

Ausflugsziele: Schloss Noer, Dorfarchiv, Dorfmuseum, Privatzoo in Gettorf, Der Holm, Schifffahrtsmuseum in Kiel

Weitere Infos: Fremdenverkehrsverein Noer, Lindhöft, Alte Dorfstraße 48, 24214 Lindhöft, Tel. 04346-7206, www.noer-lindhoeft.de

Karlifornien/Schönberg

Hundestrand

Lage: 24217 Ostseebad Schönberg, östlich der Buhne 26 (halbes Buhnenfeld)

Strand: Sandstrand, Länge: 100 m, Gebühr: 2 €/Pers./Tag.

Sonstiges: Hundetoilettenbeutel vorhanden. Restaurant 350 m entfernt. Café 500 m entfernt. Sportmöglichkeiten Buhne 20 / 21. Strandkorbvermietung

Ausflugsziele: Museumsbahnhof, Seebrücke, Kindheits- und Probstei-Museum in Schönberg

Weitere Infos: Tourist-Service Ostseebad Schönberg, Käptn's Gang 1, 24217 Schönberg, Tel. 04344-41410, info@schoenberg.de, www.schoenberg.de

Schönberger Strand

Hundestrand

Lage: 24217 Ostseebad Schönberg, östlich der Buhne 41 (halbes Buhnenfeld).

Strand: Sandstrand, Länge: 100 m, Gebühr: 2 €/Pers./Tag.

Sonstiges: Hundetoilettenbeutel vorhanden. Restaurant, Eisdiele 300 m entfernt. Sportmöglichkeiten Buhne 39 / 40. Strandkorbvermietung.

Ausflugsziele: Museumsbahnhof, Seebrücke, Kindheits- und Probstei-Museum

Weitere Infos: Tourist-Service Ostseebad Schönberg, Käptn's Gang 1, 24217 Schönberg, Tel. 04344-41410, info@schoenberg.de, www.schoenberg.de

Brasilien/Schönberg

Hundestrand

Lage: 24217 Ostseebad Schönberg, östlich der Buhne 32 (halbes Buhnenfeld)

Strand: Sandstrand, Länge: 100 m, Gebühr: 2 €/Pers./Tag

Sonstiges: Hundetoilettenbeutel vorhanden. Snack-Bar 200 m, Imbiss 500 m entfernt. Sportmöglichkeiten Buhne 31. Strandkorbvermietung.

Ausflugsziele: Museumsbahnhof, Seebrücke, Kindheits- und Probstei-Museum in Schönberg

Weitere Infos: Tourist-Service Ostseebad Schönberg, Käptn's Gang 1, 24217 Schönberg, Tel. 04344-41410, info@schoenberg.de, www.schoenberg.de

Wisch-Heidkate

Hundestrand

Lage: 24217 Wisch-Heidkate, Buhne 2-4

Strand: Sandstrand, Länge: 400 m, Gebühr: 2 €/Pers./Tag

Sonstiges: Hundetoilettenbeutel vorhanden. Restaurant 1 km entfernt. Sportmöglichkeiten an Buhne 4 / 5. Strandkorbvermietung.

Ausflugsziele: Alte Schmiede, Leuchtturm, Schönberg, Kalifornien, Brasilien

Weitere Infos: Tourist-Info / Zimmervermittlung Wisch, Dorfstraße 23, 24217 Wisch, Tel. 04344-5009, nalis@t-online.de, www.wisch-heidkate.de

OSTSEE

Grönwohld/Schwedeneck

Hundestrand

Lage: 24229 Schwedeneck/Grönwohld, vorgelagert vor dem Campingplatz

Strand: Naturstrand, Länge: 200 m, Gebühr: keine.

Sonstiges: Hundetoilettenbeutel vorhanden. Restaurant am Campingplatz.

Ausflugsziele: Eselpark Nessendorf, Tierpark Gettorf, Feuerwehrmuseum

Weitere Infos: Kurverwaltung Ostseebad Schwedeneck, Zum Kurstrand, 24229 Schwedeneck, Tel. 04308-331, info@ostseebad-schwedeneck.de, www.schwedeneck.de

Surendorf/Schwedeneck

Hundestrand

Lage: 24229 Schwedeneck / Surendorf, am rechten Ende der Kurpromenade

Strand: Naturstrand, Länge: 800 m, Gebühr: in Kurabgabe enthalten.

Sonstiges: Hundetoilettenbeutel vorhanden. Imbiss und Cafe 500 m entfernt. Spielplatz 200 m entfernt. Strandkorbvermietung am Kurstrand.

Ausflugsziele: Eselpark Nessendorf, Tierpark Gettorf, Feuerwehrmuseum

Weitere Infos: Kurverwaltung Ostseebad Schwedeneck, Zum Kurstrand, 24229 Schwedeneck, Tel. 04308-331, info@ostseebad-schwedeneck.de, www.surendorf.de

Laboe

Hundestrand

Lage: 24235 Laboe, nördliches Ende der Promenade hinter U-Boot.

Strand: Naturstrand, Länge: 100 m, Gebühr: keine.

Sonstiges: Hundetoilettenbeutel vorhanden. Restaurant, Bistro, Imbiss vor Ort. Sport: Wassersportschule, Tredboot, Surfen usw.

Ausflugsziele: Naturbiol. Station, Marine-Ehrenmal, U-Boot „U 995", Priv. Schifffahrtsmuseum

Weitere Infos: Tourismusbetrieb Ostseebad Laboe, Börn 2, 24235 Laboe, Tel. 04343-427553, info@laboe.de, www.laboe.de

Stein
Hundestrand

Lage: 24235 Stein, an der Steilküste

Strand: Sandstrand, Länge: 200 m, Gebühr: keine.

Sonstiges: Hundetoilettenbeutel vorhanden. Restaurant 500 m, Spielplatz 300 m entfernt. Sport: Surf- und Kiteschule, Bowlen, Beachvolleyball usw. Strandkorbvermietung.

Ausflugsziele: Schönberg, Irrgarten Probsteierhagen, Laboe, Kiel

Weitere Infos: Fremdenverkehrsverein Stein e.V., Dorfring 20, 24235 Stein, Tel. 04343-9299, tourist.info@stein-ostseebad.de, www.stein-ostseebad.de

Hohenfelde
Hundestrand

Lage: 24257 Hohenfelde, gekennzeichneter Strandabschnitt

Strand: Stein-/Kiesstrand/Naturstrand, Länge: ca. 1 km, Gebühr: keine.

Sonstiges: Hundetoilettenbeutel vorhanden. Restaurant vor Ort.

Ausflugsziele: Hohenfelder Biotope, Straußenfarm

Weitere Infos: Fremdenverkehrsverein Hohenfelde e.V., Strandstrasse 3, 24257 Hohenfelde, Tel. 04385-593842, info@fvv-hohenfelde.de, www.fvv-hohenfelde.de

Behrensdorf
Hundestrand

Lage: 24321 Behrensdorf, gekennzeichneter Strandabschnitt

Strand: Naturstrand, Länge: 300 m, Gebühr: keine.

Sonstiges: Hundetoilettenbeutel vorhanden. Imbiss vor Ort. Sport: Beachvolleyball.

Ausflugsziele: Turmhügelburg in Lütjenburg, Kerzenscheune in Krummbeck, Seebrücken in Hohwacht und Schönberg, Hansapark in Sierksdorf bei Neustadt

Weitere Infos: Tourist-Information Gemeinde Behrensdorf, Ringstr. 2a, 24321 Behrensdorf, Tel. 04381-4986, info@behrensdorf-ostsee.de, www.behrensdorf-ostsee.de

Hohwacht 1
Ortsteil Neu-Hohwacht

Lage: 24321 Hohwacht, Ortsteil Neu-Hohwacht

Strand: Sandstrand, Länge: 200 - 300 m, Gebühr: in Kurabgabe enthalten.

Sonstiges: Hundetoilettenbeutel bei Strandkorbvermietern und in der Touristinfo erhältlich. Drei Restaurants ca 100 m entfernt. Strandkorbvermietung.

Ausflugsziele: Eselpark Nessendorf, Selenter See, Hohwachter Flunder

Weitere Infos: Hohwachter Bucht Touristik GmbH, Berliner Platz 1, 24321 Hohwacht
Tel. 04381- 90550, info@hohwacht.de, www.hohwacht.de

Hohwacht 2
Ortsteil Alt-Hohwacht

Lage: 24321 Hohwacht, Ortsteil Alt-Hohwacht unterhalb des „Ausgucks"
Strand: Sandstrand, Länge: 200 - 300 m, Gebühr: in Kurabgabe enthalten.
Sonstiges: Hundetoilettenbeutel bei Strandkorbvermietern und in der Touristinfo erhältlich. Restaurants und Imbisse 200 m entfernt.
Ausflugsziele: Eselpark Nessendorf, Selenter See, Hohwachter Flunder
Weitere Infos: Hohwachter Bucht Touristik GmbH, Berliner Platz 1, 24321 Hohwacht
Tel. 04381- 90550, info@hohwacht.de, www.hohwacht.de

Sehlendorf
Hundestrand

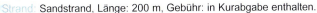

Lage: 24327 Sehlendorf, Rechts des Hauptstrands
Strand: Sandstrand, Länge: 200 m, Gebühr: in Kurabgabe enthalten.
Sonstiges: Hundetoilettenbeutel vorhanden. Imbiss vor Ort. Sport: Bootsverleih, Beachvolleyball. Spielplätze. Strandkorbvermietung.
Ausflugsziele: Eselpark in Nessendorf, Blekendorf - St. Claren Kirche, Sehlendorfer Binnensee
Weitere Infos: Tourist-Information Sehlendorfer Strand, Strandstraße 24, 24327 Sehlendorf
Tel. 04382-92234, info@sehlendorfer-strand.de, www.sehlendorfer-strand.de

Eckernförde
Hundestrand

Lage: 24340 Eckernförde, südlicher Hauptstrand
Strand: Sand-/Steinstrand, Länge: 1 km, Gebühr: keine.
Sonstiges: Hundetoilettenbeutel vorhanden. Restaurant 300 m entfernt. Sport: Tauchen, Surfen, Katamaran-Segeln 1 km entfernt.
Ausflugsziele: Bonbonkocherei, Eichhörnchen-Station, Ostsee Info-Center, Museum Eckernförde
Weitere Infos: Eckernförde Touristik GmbH, Am Exer 1, 24340 Eckernförde,
Tel. 04351-71790, info@ostseebad-eckernfoerde.de, www.ostseebad-eckernfoerde.de

Damp
Hundestrand

Lage: 24351 Damp, Eckernförder Bucht, Südstrand
Strand: Sandstrand, Länge: 500 m, Gebühr: keine.
Sonstiges: Hundetoilettenbeutel vorhanden. Restaurant 500 m entfernt. Sport: Surfen, Segeln, Vital-Zentrum 200 m entfernt.
Ausflugsziele: Museumsschiff Albatros, Naturkundemuseum, Biotop
Weitere Infos: Damp Touristik GmbH, Seeuferweg 10, 24351 Damp,
Tel. 04352-80666, ostseebad@damp.de, www.damp-urlaub.de

Weidefelder Strand/Schwansen

Hundestrand

Lage: 24376 Kappeln, am Parkplatz rechts hinter FKK Abschnitt

Strand: Naturstrand, Länge: 500 m, Gebühr: keine.

Sonstiges: Hundetoilettenbeutel vorhanden. Restaurant und Spielplatz 600m entfernt. Strandkorbvermietung.

Ausflugsziele: Museumshafen, Angelner Dampfeisenbahn, Holländer-Windmühle AMANDA

Weitere Infos: Tourist Information Kappeln, Schleswiger Str. 1, 24376 Kappeln, Tel. 04642-4027, touristinfo@kappeln.de, www.kappeln.de

Kronsgaard

Hundestrand

Lage: 24395 Kronsgaard-Pottloch, zwischen Pottloch und Kronsgaard

Strand: Sand-/Naturstrand, Länge: 600 m. Gebühr: keine.

Sonstiges: Hundetoilettenbeutel vorhanden. Restaurant vor Ort. Strandkorbvermietung.

Ausflugsziele: Naturerlebniszentrum Maasholm, Leuchtturm Falshöft, Naturschutzgebiet Geltinger Birk.

Weitere Infos: Touristikverein Ferienland Ostsee Gelting-Maasholm e.V. , Nordstrasse 1a, 24395 Gelting, Tel. 04643-777, info@ferienlandostsee.de, www.ferienlandostsee.de

Schönhagen

Hundestrand

Lage: 24398 Schönhagen, liegt zentral

Strand: Stein-/Kiesstrand, Länge: 100 m, Gebühr: Erw. 1,80 €; Ki. 0,50 €/Pers./Tag.

Sonstiges: Imbiss und Eisdiele vor Ort. Spielplatz 200 m entfernt.

Ausflugsziele: Kappeln, Schleswig, Tolk-Schau (Freizeitpark für Kleinkinder)

Weitere Infos: Tourist-Information Schönhagen, Strandstr. 13, 24398 Brodersby / Schönhagen, Tel. 04644-9511, info@schoenhagen-ostsee.de, www.schoenhagen-ostsee.de

Flensburg-Solitüde

Hundestrand

Lage: 24944 Flensburg-Solitüde, am Ewoldweg

Strand: Sandstrand, Länge: 200 m, Gebühr: keine.

Sonstiges: Hundetoilettenbeutel vorhanden. Restaurant, Cafe, Eisdiele, Spielplatz 100 m entfernt. Strandkorbvermietung.

Ausflugsziele: Glücksburg - Wasserschloss, Flensburg Fjord an der Deutsch-Dänischen Grenze

Weitere Infos: Flensburg Fjord Tourismus GmbH, Am ZOB / Rathausstraße 1, 24931 Flensburg, Tel. 0461-9090920, info@flensburg-tourismus.de, www.flensburg.de

Flensburg-Ostseebad

Hundestrand

Lage: 24944 Flensburg, Richtung Flensburger Werft
Strand: Sandstrand, Länge: 100 m, Gebühr: keine.
Sonstiges: Hundetoilettenbeutel vorhanden. Restaurant, Spielplatz vor Ort. Strandkorbvermietung.
Ausflugsziele: Glücksburg - Wasserschloss, Flensburg Fjord an der Deutsch-Dänischen Grenze
Weitere Infos: Flensburg Fjord Tourismus GmbH, Am ZOB / Rathausstraße 1, 24931 Flensburg, Tel. 0461-9090920, info@flensburg-tourismus.de, www.flensburg.de

Holnis

Hundestrand

Lage: 24960 Glücksburg-Holnis, hinter FKK Abschnitt
Strand: Naturstrand, Länge: 500 m, Gebühr: keine.
Sonstiges: Hundetoilettenbeutel im Schloßpark und an der Promenade erhältlich. Restaurant vor Ort. Sport: Wind- und Kitesurfschule. Spielplatz.
Ausflugsziele: 20 Hektar großer Hundewald, Wasserschloss, Fördeland Therme
Weitere Infos: TouristServiceCenter Glücksburg, Schlosshof, 24960 Glücksburg, Tel. 0800-2020040, touristinfo@gluecksburg.de, www.gluecksburg.de

Langballig

Hundestrand

Lage: 24977 Langballig, Langballigau, Flensburger Außenförde
Strand: Stein-/Grasstrand, Länge: 500 m, Gebühr: keine.
Sonstiges: Hundetoilettenbeutel vorhanden. Imbiss vor Ort. Sport: Tretbootfahren. Strandkorbvermietung.
Ausflugsziele: Naturschutzgebiet Tal der Langballigau, Museumsdorf Unewatt.
Weitere Infos: Touristikverein Ferienland Ostsee Gelting-Maasholm e.V. , Nordstrasse 1a, 24395 Gelting, Tel. 04643-777, info@ferienlandostsee.de, www.ferienlandostsee.de

Falshöft/Nieby

Hundestrand

Lage: 24395 Nieby- Falshöft, zwischen Falshöft und Sibbeskjär
Strand: Sand-/Naturstrand, Länge: 250 m, Gebühr: keine.
Sonstiges: Hundetoilettenbeutel vorhanden. Restaurant vor Ort. Sport: Surfen. Spielplatz.
Ausflugsziele: Naturerlebniszentrum Maasholm, Leuchtturm Falshöft, Naturschutzgebiet Geltinger Birk.
Weitere Infos: Touristikverein Ferienland Ostsee Gelting-Maasholm e.V. , Nordstrasse 1a, 24395 Gelting, Tel. 04643-777, info@ferienlandostsee.de, www.ferienlandostsee.de

Zeichnung: Karin Ute Reuter

Unterkünfte Österreich

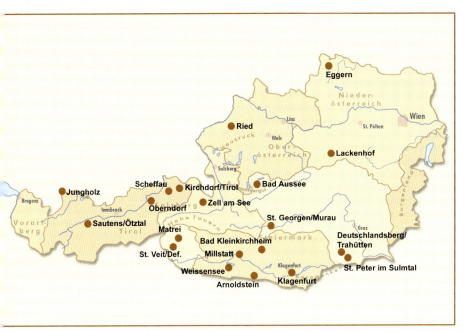

Allgemeine und Informationen zur Einreise mit Hunden/Katzen

Österreich Werbung Wien
Margaretenstr. 1
A-1040 Wien

Tel. 01 - 802 10 18 18 (von Deutschland aus)
Fax 01 - 802 10 18 19

urlaub@austria.info
www.austria.info/de

Maulkorb und Leine sind mitzuführen. Weitgehend gilt Leinenpflicht, z.T. auch Maulkorbpflicht (z.B. in öffentlichen Einrichtungen, an Haltestellen).

Änderungen und spezielle Bestimmungen für die Einreise mit anderen Tieren erfahren Sie bei der zuständigen Botschaft oder dem Amtstierarzt.

ÖSTERREICH

Familie Haberfellner ✹ ✹ ✹ ✹
Weitental 31, A-3295 Lackenhof
Veronika Haberfellner, Tel. 0043-6766400513, Fax: 0043-74805281
v.haberfellner@aon.at, www.v-haberfellner.com

Ausstattung: DU, WC. Radio, TV, CD-Player. Teilw. Balkon. Gl. Böden. NRZ vorh. Fewo: KÜ, Frühstück a. A. Eisstockbahn, Ski, Wandern, Schwimmen.
Tiere: Max. 2 Hunde / 2 Katzen; kostenlos. Tiere dürfen sich frei bewegen. Hundetoiletten in der Umgebung. Vor Ort: Katzen, Pferde
Kinder: Spielwiese, Spiele
Beschreibung: Familien- u. tierfreundliches Haus beim Ötscher in Lift- u. Loipennähe für ganzjährigen sportlichen, gemütlichen Urlaub.

1 DZ	1 MB (bis 4 Pers.)	2 Fewo (bis 4 Pers.)
ÜF 44 - 52 €	a. A.	Ü 52 - 66 €

Genießergasthof Kutscherklause ★★★
Marktplatz 4, A-3861 Eggern
M. Breuer-Wurz, Tel. 0043-2863-214, Fax 0043-2863-7323
kutscherklause@aon.at, www.kutscherklause.at

Ausstattung: DU, Bad, WC. TV, Radio, WLAN. Teppichboden. Teilw. Balkon. NRZ. Restaurant, Bar. Wellness. Tischtennis. Tagungen mgl.
Tiere: Hunde; 3 € / Tag. Willk.leckerli, Decke, Näpfe, Hundetoilettenbeutel. Hunde-Speisekarte. Hunde-Sitting a. A. Tiere dürfen sich frei bewegen, angel. im Haus/Restaurant. Tiere vor Ort: 2 Golden Retriever
Beschreibung: Wohlfühlhotel im Waldviertel / Niederösterr. Wandern, Radfahren. Ausflüge nach in die Wachau, Stift Melk oder Tschechien.

3 EZ	20 DZ	3 MB	HP
ÜF 34 - 36 €	ÜF 50 - 76 €	a.A.	17 €

Hotel Badhaus ★★★★
Loferer Bundesstraße 77, A-5700 Zell am See
Tel. 0043-6542-72862-0, Fax 0043-6542-72862-44
hotel@hotel-badhaus.at, www.hotel-badhaus.at

Ausstattung: DU, Bad, WC. Tel., TV, Internet. Gl. Böden, Safe, teilw. Balkon/Terrasse, alles NRZ, Lift. Rest.: Gourmetküche. Wellness: Pool, Sauna, Solarium, Infrarot. Massagen und Kosmetik gegen Gebühr. Kostenlose Parkplätze am Haus.
Tiere: Max. 2 Hunde; kostenlos. Angeleint im Hausbereich/Restaurant. Hundetoiletten im Ort.
Kinder: Spielplatz, Spielzimmer, Schaukel, Kletterturm
Beschreibung: Traditionelles Familienhotel 200 m vom Nordufer des Zellersees entfernt. Wandern, Wintersport, Großglockner, Hochgebirgsstauseen Kaprun, Salzburg u.v.m.

1 EZ	18 DZ	21 MB	HP
ÜF 63 - 137 €	ÜF 96 - 270 €	ÜF 42 - 108 €	6 €

Ferienwohnungen Bichler ✹ ✹ ✹ ✹
Bruggenmoos 33, 6351 Scheffau am Wilden Kaiser
Familie Bichler, Tel: 0043-5358-8644, Fax: 0043-5358-7300
rw.bichler@utanet.at; www.bichler-scheffau.com

Ausstattung: DU, Bad, WC, Waschm., Trockner. KÜ, Spülm., Mikrow. Radio, TV, DVD-Player, WLAN. Gl. Böden/Teppich. Terrasse. NRW. Brötchen-Bringdienst.
Tiere: Max. 3 Hunde/3 Katzen; kostenlos. Tiere dürfen sich generell frei bewegen, außer am Spielplatz. Hundetoilettenbeutel/-toiletten.
Kinder: Kinderausstattung, Spielplatz, Kinderermäßigungen.
Beschreibung: Ruhige, sonnige Waldrandlage mit Blick auf Wilden Kaiser. Bergbahn Scheffau, Hintersteinersee, Loipe in der Nähe.

3 FeWo (2 - 6 Pers.)	Endr.
Ü 54 - 145 € / weit. Pers. 13 - 19 €	45 €

Erlebnishotel Schmiedboden ★★★

Schmiedboden 12, A-6372 Oberndorf
Christine Gamper, Tel. 0043-5356-64646, Fax 0043-5356-646466
urlaub8@schmiedboden.at, www.schmiedboden.at

Ausstattung: DU, WC. Sat-TV, Radio, Teppich. Restaurant, Bar, Saunaanlage, überdachtes Schwimmbad. Kostenl. Parkpl.
Tiere: Hunde; kostenlos. Decke, Hundetoilettenbeutel, Agility, Hundezwinger. Hunde angeleint. Tiere vor Ort: Hund.
Kinder: Spielecke im Garten, Spielzimmer
Beschreibung: Herrliche Wanderwege. Badesee "Gieringer Weiher", auch für Hunde, 20 min entfernt. Bitte Hausprospekt anfordern.

1 EZ	6 DZ	2 MB	1Fewo (bis 6 Pers.)	3 Suiten	HP
ÜF 35-50 €	ÜF 70-110 €	a.A.	4 Pers. Ü 124 €	a.A.	6 €

Tirolerhaus-Chalet

Vorderjägerweg 3 - 15, A-6382 Kirchdorf in Tirol
R. Baumgartner, Tel. 0043-5352 64131, Fax: 0043-5352 641315
office@tirolerhaus.at, www.tirolerhaus.at

Ausstattung: DU, Bad, WC, Waschcenter. KÜ, Geschirrspüler, Mikrowelle, Backofen. Telefon, Radio, TV, WLAN. Glatte Böden. Balkon o. Terrasse. NRW vorh. Sauna, Solarium. Im Sommer: Freier Eintritt in die Panorama-Badewelt St. Johann (inkl. Hallenbad). Golfplätze in der Nähe (4-14 km). Skiraum mit Skischuhwärmer u. kleinem Wasch-Center. Brötchen-Bringdienst. Wäscheservice inklusive. Kostenlose Parkplätze und Tiefgaragen.
Tiere: Hund; 4 €/Tag, Katze; 2 €/Tag. Willkommensleckerli. Hundetoiletten / Hundetoilettenbeutel. Hundeschule in Kitzbühel (12 km). Tiere dürfen sich unter Aufsicht frei im Objektbereich bewegen. Tiere vor Ort: 2 Hunde, 3 Katzen
Kinder: Kinderbett, Kinderstuhl, kleiner Spielplatz, Tischtennis, Babysitting a.A.
Behind. Einr.: 1 rollstuhlgerechtes Appartement
Beschreibung: Das Tirolerhaus und unser Chalet-Gasteig liegen am Fuße des Wilden Kaisers im Skigroßraum Kitzbüheler Alpen. Im Sommer: Golfen, Tennis, Reiten, Schwimmen, Angeln, Trabrennbahn, Radfahren, Wandern durch eines der schönsten Gebiete Tirols mit bizarrer Bergwelt - das Kaiserbachtal. Im Winter: Skifahren, Langlaufloipe direkt an der Anlage. Schneeschuhwandern, Rodeln, Eislaufen, Schlittenfahrt mit Pferd.

6 FH (2 - 6 Pers. / 2 SZ)	14 App. (2 - 6 Pers. / 2 SZ)	HP	Strom
1 Pers. Ü 10 - 35 €	1 Pers. Ü 10 - 35 €	21 €	€ 0,25 / Einheit

Ferienwohnungen Pienz ★★★★

Haderlehn 15, A-6432 Sautens/Ötztal
Anton Pienz, Tel. und Fax 0043-5252-6142
pienz@aon.at, www.tirol-oetztal.at

Ausstattung: DU, WC. KÜ, Spül-/Waschm., Mikrowelle, Backofen. Radio/TV, Internet. Balkon, gl. Böden, Wellness. Brötchen-Bringdienst, Schwimmteich. Kostenl. Parkpl.
Tiere: Pferd; Box 20 €/Tag. Hund/Katze; je 4 €/Tag. Vorrat an Pferdefutter, Hundetoilettenbeutel. Eigener Schwimmteich für Hunde. Tiere dürfen sich frei bewegen. Tiere vor Ort: Hund, Katzen, Pferde
Kinder: Kinderspielplatz, Reiterhof
Beschreibung: Grüne Idylle im vorderen Ötztal. Naturbadeteich.

2 FH (1 - 8 Pers.)	5 Fewo (1 - 8 Pers.)
Ü 40 - 150 €	

Hotel Riederhof ★★★★ 5 Bergkristalle/Europawanderhotels

A-6531 Ried Tiroler Oberland
Fam. Mangott, Tel. 0043-5472-6214, Fax 0043-5472-621412
info@hotel-riederhof.at, www.hotel-riederhof.at

Ausstattung: DU, WC. Tel., Radio, HDMI - TV, WLAN. Glatte Böden, Safe, Balkon. Rest./ Weinkeller, Shop Vinum-Inn. Sauna, Dampfbad, Massagen, Kosmetik. Wintersport, Wandern, Fischen. Motorradhotel.
Tiere: Max. 3 Hunde; einmalig 20 €. Decke, Näpfe. Hundesitting/-putzstation/-trainingswoche, geführte Wanderungen. Angeleint im Rest. erlaubt. Hundeloipe (150 m). Vor Ort: Irish Setter
Beschreibung: Wellness- und Wanderhotel im Oberinntal / Naturpark Kaunergrat in Tirol. Tiroler Burgen, Svarowsky Kristallwelten, Zammer-Lochputz in der Nähe. Innsbruck (90 km).

EZ	Komfort-DZ	Neue Luxus-DZ	Suite	HP
ÜF ab 24 € / Pers.	ÜF ab 29 € / Pers.	ÜF ab 59 € / Pers.	ÜF ab 70 € / Pers.	20 €

Landhaus Edmund ★★★

Haus-Nr. 118, A-6691 Jungholz
C. Lochbihler, Tel. 0043-5676-8407, Fax: 0043-5676-8421
cornelia.lochbihler@gmx.at, www.landhaus-edmund.com

Ausstattung: DU, WC. KÜ, Spülmaschine, Mikrowelle, Backofen. TV, Radio. Gl. Böden/ Teppichboden, Balkon/Terrasse, NRW vorh., Wäsche-Service, Brötchen-Bringdienst. Teebar, Bücherei. Kostenlose Parkplätze
Tiere: Alle Tiere kostenlos. Willkommensleckerli, Decke, Näpfe, Hundetoilettenbeutel, Vorrat an Hundefutter. Tiere dürfen sich frei bewegen. Tiere vor Ort: Hund, Katze, Kleintiere
Beschreibung: Skifahren, Langlauf, Wandern, Mountain Bike

1 FH (2 - 8 Pers.)	3 Fewo (2 - 6 Pers.)
bis 4 Pers. Ü 35 - 82 € / weit. Pers. 10 €	

Alpengasthof Koralpenblick ★★★

Rostock 15, A-8530 Deutschlandsberg/Trahütten
Frau Smolana, Tel. 0043-03461-210, Fax: 0043-03461-210-4
office@koralpenblick.at, www.koralpenblick.at

Ausstattung: DU, WC. TV, WLAN. Gl. Böden, Minibar, Safe. Teilw. Balkon. Rest., Bar. Wellness. Kostenl. Parkpl., Garage gg. Gebühr.
Tiere: Hund/Katze/Kleintiere; kostenlos. Näpfe vorhanden. Angeleint im Hausbereich. Tiere vor Ort: Hund.
Kinder: Spielzimmer, großer Spielplatz.
Beschreibung: Familienbetrieb auf 1.000 m Seehöhe - mitten im Grünen - mit eigenem Bio-Bauernhof. Wandern, Wintersport, Golf.

3 EZ	13 DZ	4 MB	HP / VP
ÜF 34-36 €	ÜF 34-36 €	a. A.	10 € / 16 €

Ferienhof Waltl ★★★

Korbin-Aigneregg 12, A-8542 St. Peter im Sulmtal
Fam. Waltl, Tel./Fax 0043-3467-8350
ferien-waltl@gmx.net, www.ferien-waltl.at

Ausstattung: DU, WC. TV/Radio. FR-Raum. Fewo: DU, WC. TV/Radio. Balkon, Terrasse. Tischtennis, Kegeln, Reiten in der Nähe, Fischen und Grillabende.
Tiere: Hund/Katze/Kleintiere; a.A. Alle Tiere 1 €/Tag. Angeleint im Frühstücksraum erlaubt. Vor Ort: Hund, Schafe, Hühner
Kinder: Spielplatz, Kinderermäßigung
Beschreibung: Waldnaher Ferienhof, ideal zum Erholen mitten im Kürbiskernöl- und Schilcherweinland. 100 m zum Heurigen-Gasthof.

1 DZ	3 MB	2 Fewo (bis 8 Pers.)
ÜF 44 - 48 €	ÜF a. A.	1 Pers. Ü 13-15 €

Hüttenferien in der Steiermark

Lutzmannsdorf 23, A-8861 St. Georgen/Murau
Herr Steinwender, Tel. 0043-664-4155139, Fax: 0043-3537-792
christiansteinwender@aon.at, www.koeberlhof.at

Ausstattung: DU, Bad, WC, Waschmaschine. KÜ, Backofen. TV, Radio, Kaminofen, glatte Böden, Terrasse, NRW. Grill, Kinderspielplatz. Kostenl. Parkpl.
Tiere: 1 Hund; kostenlos / jeder weitere 2 €/Tag. Pferd: Box mit Auslauf: 25 €/Tag. Kl. Vorrat an Pferdefutter. Tiere dürfen sich frei bewegen. Tiere vor Ort: Kühe, Katzen, Hund, Hasen, Pfau, Hühner.
Beschreibung: Liebevoll restaurierter, 200 Jahre alter Troatkasten in ruhiger Lage. Hütte besonders geeignet für Urlaub mit Hunden.

1 FH (bis 5 Pers./3 Zi.)	1 Fewo (bis 5 Pers./2 ½ Zi.)	Endr/Strom/Müll
bis 3 Pers. Ü 50-60 € / weit. Pers. 10 €		53 €

Gasthof Staud'nwirt ★★★

Grundlseer Str. 21, A-8990 Bad Aussee
Karin Wilpernig, Tel. 0043-3622-54565, Fax 0043-3622-52427
office@staudnwirt.at, www.staudnwirt.at

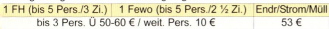

Ausstattung: DU, WC. TV, Internet. Teppich, teilw. Balkon. Alle Zimmer NRZ, NRW. Rest., Seminare/Fam.feiern (bis 40 Pers.). Kostenlose Parkplätze.
Tiere: Hund/Katze; je 2 €/Tag, Tiere dürfen sich frei bewegen. Angeleint im Hausbereich. Tiere vor Ort: Katzen, Hasen, Meerschweinchen
Kinder: Spielplatz, Tischtennis, Swimmingpool, Trampolin, Spielsachen
Beschreibung: Salzbergwerk, Museum, Tennis, Golf, Reiten, Schwimmen, Skifahren, Langlaufen, Wandern, Segeln, Klettern

1 EZ	7 DZ	1 MB	2 FH (6 - 12 Pers.)	HP / VP
ÜF 37-42,50 €	ÜF 37-42,50 €	a.A.	Ü 96 - 180 €	10 €/ 16 €

Hotel Aragia ★★★★

Völkermarktstr. 100, A-9020 Klagenfurt
Fam. Rabitsch, 0043-463-31222, Fax: 0043-463-3122213
hotel@aragia.at, www.aragia.at

Ausstattung: DU, Bad, WC. Telefon, Stereo, Sat-TV. Teppich. Safe, Minibar, Klimaanlage, NRZ. Rest.: intern. Küche. Bar, Café. Kostenlose Parkplätze.
Tiere: Hunde, Katzen; kostenlos. Tiere dürfen sich frei bewegen, außer Terrasse, Spielplatz. Angeleint im Hausbereich u. Restaurant. Golfen mit Hund in Klagenfurt-Seltenheim. Vor Ort: Katze
Beschreibung: Behaglich eingerichtetes Haus mit familiärer Atmosphäre in der Nähe des Wörthersees. Viele Sehenswürdigkeiten.

4 EZ	12 DZ	2 Fewo	HP / VP
ÜF 64 - 78 €	ÜF 92 - 110 €	320-450 €/Woche zzgl. NK	13 € / a.A.

*Nach manchem Gespräch mit einem Menschen
hat man das Verlangen, einen Hund zu streicheln,
einem Affen zuzunicken
oder vor einem Elefanten den Hut zu ziehen.*

Maxim Gorki 1868-1936

ÖSTERREICH

Haus Ilse

Bernsteinweg 24, A-9546 Bad Kleinkirchheim
Ilse Abl, Tel. 0043-463-512690 oder Fax. 0043-463-512690,
ilse.abl@aon.at, www.hausilse.at

Ausstattung: DU, Bad, WC. KÜ, Spül-/Waschm. Backofen, Kachelofen, TV, Radio, CD-Player, gl. Böden, teilw. Balkon. Wanderkarten. Kostenl. Parkpl./ Garage.
Tiere: Hund/Katze; kostenlos. Tierfuttervorrat. Willkommensleckerli, Näpfe, Hundetoilettenbeutel. Tiere dürfen sich frei bewegen.
Kinder: Schaukel, Sandkiste, Baumhaus, Spielwiese, Tischtennis
Beschreibung: Ruhige, sonnige Aussichtslage über dem Ort. Zentrum mit PKW in 5 min. erreichbar. Wanderungen ab Haus möglich.

1 Fewo (2 Schlafzi., 2 - 6 Pers.)
Ü 40 - 120 €

Ferienwohnungen ROBIN

Schrotturmstr. 18, A-9601 Arnoldstein
Ursula Robin, Tel. 0043-650-2552563
u.robin@aon.at, www.fewomithund.info

Ausstattung: DU, WC, Waschmaschine. KÜ, Mikrowelle, Backofen. Radio, SAT-TV, CD-/DVD-Player. Glatte Böden. Terrasse, Grill. Pool, beheizter Whirlpool. Wäsche-Service. Kostenlose Parkplätze am Haus.
Tiere: Max. 3 Hunde; kostenlos. Körbchen, Näpfe, Hundetücher vorh. Tiere dürfen sich frei bewegen, außer im Hausflur. Eingezäuntes Grundstück. Hundepool. Tiere vor Ort: Hündin (kastr.)
Kinder: Kinderbett, Hochstuhl
Beschreibung: 2 moderne EG-Ferienwohnungen mit Terrasse. Gästegarten mit Pool und Hundepool, zusätzlich beheizter Whirlpool. Waldnahes Haus in herrlicher Aussichtslage im sonnigen Süden von Österreich, ausschließlich für Hundebesitzer. Herrliche Ausflüge an die nahen Kärntner Seen und auf die schönen Berge und Almen.

2 Fewo (bis 3 Pers. / 3 Zi.)	Endr.	FV-Abgabe
Ü 60 - 80 €	50 €	1 € / Tag / Pers.

1. Lucky-Dog Hotel Moser

Techendorf 17, A-9762 Weissensee
Rezeption, Tel. 0043-4713-2231-0, Fax: 0043-4713-2250
info@hotel-moser.at, www.hotel-moser.at

Ausstattung: DU, Bad, WC. Tel., Radio. TV, WLAN. Safe. Alle Zimmer mit Balkon. NRZ vorhanden. Lift, Bar, Restaurant: Kulinarium: HP inkl. Frühstücksbuffet, Mittagssnack, Kuchenbuffet, 5 Gang Abendmenü (mit vegetarischem Gericht). Ganztägig Obst- und Kärntner Wasserbar. Hotelbadestrand (4000 m²), Sonnenliegen, -schirme und Strandhandtücher. Wellnessbereich mit Indoorpool, Sauna, Dampfkabine, Fitarium, Wasserklangbett, Infrarotkabine, Fitnessraum, Bademäntel und - slipper. Kostenlose Parkplätze / Garage gegen Gebühr.

Tiere: Hund/Katze; 5 €/Tag. Kleintiere a. A. Willkommensleckerli, Decke, Näpfe, Handtücher, Hundetoilettenbeutel vorhanden. Tiersitter-/Leckerliservice, Pet Fit - Hundemenüs, Agility-Parcours, Lucky-Dog-Hundeschule, Physiotheraphie, Massagen u. Shiatsu für Hunde. Erste Hilfe-Kurs für Hunde und Hundeführerschein möglich. Eigener Speisesaal für Gäste mit Hund. Hundestrand mit Seezugang. Angeleint im Hausbereich. Hundetoiletten in der Umgebung vorhanden. Tiere vor Ort: ein Hund und eine Katze

Kinder: 2 Kinderspielplätze, Kinderspielzimmer, Kindermenüs

Beschreibung: Komfortables, modernes Wohlfühlhotel in zentraler Lage in der Naturparkgemeinde Weissensee mit zahlreichen Ausflugsmöglichkeiten in der Umgebung und viel Platz für Ihren vierbeinigen Freund zum Spielen und Tollen. Diverse Sportmöglichkeiten: kostenlos: Tennis, Tischtennis, Fahrräder, Ruder- und Tretboote. 250 km markierte Wander- und Spazierwege. Nordic Walking Parcours. Hotel mit Tauchbasis. Wintersport: 70 km Loipen, Schischule im Ort, Familienschigebiet; 6,8 km² Natureisfläche.

7 EZ	36 DZ	2 Suiten	11 App.	HP
ÜF 47 - 67 €	ÜF 41 - 61 €	a.A.	a.A.	6 €

ÖSTERREICH

Ferienwohnungen Cichini ✳ ✳ ✳ ✳

Obermillstatt 158, A-9872 Millstatt am Millstattersee
M. Cichini, Tel. und Fax 0043-4766-3533, cichini@aon.at,
margarete.cinichi@ufanet.at, http://members.a1.net/cichini

Ausstattung: DU, Bad, WC, Waschmaschine. KÜ, Spülmaschine, Backofen. TV/Radio, Tel., gl. Böden, Balkon. Sauna, Heimtrainer, Wächeservice, Brötchen-Bringdienst. Kostenl. Parkpl.
Tiere: Hund/Katze; 2 €/Tag. Decke, Fress-/Wassernäpfe. Tiere dürfen sich frei bewegen. Tiere vor Ort: Hasen
Kinder: Spielplatz mit Trampolin, Schaukel, Rutsche, Turnstange, Sandkiste, Tischtennis
Beschreibung: Familien-Paradies mit See-Bergblick, ganz ruhig, Wandern ab Haus, 5 Automin. zum See mit Gratisbaden, Reiten, Tennis, Golf 18 Loch, Millstattersee-Card inklusive.

3 Fewo (1 Schlafzi., 2 - 4 Pers, Balkon od. Wintergarten)
2 - 4 Pers. Ü 49 - 66 € / weit. Pers. 10 €

Pension + FeWo-Haus Sedlak

Zopfenkopfweg 12, A-9872 Millstatt/See
Isabella Sedlak, Tel. 0043-4766-2114, Fax 0043-4766
pension.sedlak@stn.at, www.pension-sedlak.at

Ausstattung: Pension: DU, WC. TV, Radio, Tel., TV, WLAN. Gl. Böden/Teppich, Balkon/ Terrasse, Frühstücksraum, Liegewiese a. See, Radverleih. Zusätzl. in Fewo: KÜ, Brötchenservice.
Tiere: Hund/Katze/Kleintiere; kostenlos. Tiere dürfen sich frei bewegen, auch am Badeplatz und im Wasser. Hundetoilettenbeutel im Ort. Grundstück mit Garten; 13000 m².
Kinder: Sandkiste, Rutsche, Schaukel, Tischtennis
Beschreibung: Pension mit Appartementhaus direkt am Millstädter See / Kärnten, 10 min vom Ortskern entfernt. Wandern, Golf, Radfahren, Surf- u. Segelschule, Rudern, Reiten.

2 EZ	8 DZ	3 MB	9 Fewo (1 - 3 SZ, bis 6 Pers.)
ÜF ab 32 €	ÜF ab 54 €	a.A.	1 - 2 Pers. Ü 75 €

Alpengasthof Pichler ★ ★ ★

Gsaritzen 13, A-9962 St. Veit in Def./Osttirol
Fam. Pichler, Tel. 0043-4879-311, Fax 0043-4879-31111
c.pichler@tirol.com, www.alpengasthof-pichler.at

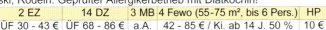

Ausstattung: DU, Bad, WC. Tel., Radio, TV, Internet. Teppich, teilw. Balkon. Alle Zimmer NRZ. Gaststube im Tiroler Stil. Brötchenservice. Saunalandschaft, Infrarot, Massagen, Moor, Fango.
Tiere: Hunde; kostenlos. Hunde angeleint in Gaststuben u. Spielplatz.
Kinder: Spielplatz, Tischtennis
Beschreibung: Am Sonnenhang des Defereggentals im Nationalpark "Hohe Tauern" gelegen. Jagen, Fischen, Wandern, Langlauf-, Abfahrtski, Rodeln. Geprüfter Allergikerbetrieb mit Diätköchin!

2 EZ	14 DZ	3 MB	4 Fewo (55-75 m², bis 6 Pers.)	HP
ÜF 30 - 43 €	ÜF 68 - 86 €	a.A.	42 - 85 € / Ki. ab 14 J. 50 %	10 €

Hotel Goldried ★★★

Goldriedstr. 15, A-9971 Matrei in Osttirol
Monika Fuetsch, Tel. 0043-4875-61130, Fax 0043-4875-6061
info@goldried.at, www.goldried.at

Ausstattung: DU, Bad, WC. Radio/TV, Tel., Internet, Safe, Balkon/Terrasse, NRZ. Restaurant, Bar, Lift, Frei- u. Hallenbad.
Tiere: Hund/Katze; je 10 €/Tag. Tiere haben keinen Zutritt zu Frühstücksraum und Restaurant. Tiere vor Ort: Katzen.
Kinder: Kinderbetreuung täglich, Kinderspielplätze
Beschreibung: Hoher Wohnkomfort, exzellente Küche, persönl. Betreuung. Großzügige, familienfreundliche Ferienanlage, internat. Flair

EZ	DZ	39 MB	63 App.
HP 61,50 - 116,50 €	HP 109 - 235 €	a.A.	

Matreier Tauernhaus ★★

Tauer 22, A-9971 Matrei
Anneli Brugger, Tel. 0043-4875-8811, Fax: 0043-4875-881112
matreier.tauernhaus@aon.at, www.matreier-tauernhaus.com

Ausstattung: DU, Bad, WC. TV, Tel., Internet. Glatte Böden/Teppichboden, teilw. Balkon. Restaurant, Bar, Sauna. Kostenlose Parkplätze
Tiere: Hund/Katze; kostenlos. Tiere angeleint im Hausbereich, Frühstücksraum/Restaurant erlaubt. Tiere vor Ort: Bauernhoftiere
Kinder: Spielplatz, Streichelzoo
Beschreibung: Alpengasthof auf 1512 m Höhe, mitten im Nationalpark "Hohe Tauern". Wanderungen, Bergsteigen, Kutschfahrten.

4 EZ	15 DZ	10 MB	HP
ÜF 31 - 47 €	ÜF 52 - 64 €	ÜF 26 € / Pers.	10 €

ÖSTERREICH

Unterkünfte Schweiz

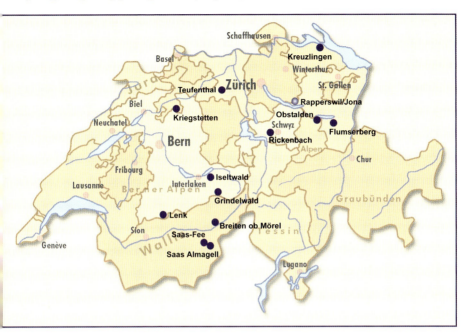

Allgemeine und Informationen zur Einreise mit Hunden/Katzen

Schweiz Tourismus
Tödistrasse 7
CH-8002 Zürich

Tel. 0041 - (0) 44 288 11 11
Fax 0041 - (0) 44 288 12 05

info@myswitzerland.com
www.myswitzerland.com

Die Einreise ist seit 2007 analog zu den EU-Ländern geregelt. Einfuhrverbot für Hunde mit kupierten Ohren oder Ruten.
Maulkorb- und Leinenpflicht regional möglich.

Änderungen und spezielle Bestimmungen für die Einreise mit anderen Tieren erfahren Sie bei der zuständigen Botschaft oder dem Amtstierarzt.

Hotel Kreuz ★★★
CH-3775 Lenk
Brigitte Schär, Tel. 0041-33-7331387, Fax 0041-33-7331340
info@kreuzlenk.ch, www.kreuzlenk.ch

Ausstattung: DU, Bad, WC. Tel., Radio, TV, WLAN Hotspot. Holzschliessfächer. Fön, Teppich, NRZ, z. T. Balkon. Rest.: gutbürgerl. Küche. Tagungen/Seminare mgl. (bis 50 Pers.), Businesscorner, Hallenbad, Sauna, Solarium.
Tiere: Max. 2 Hunde/2 Katzen; je CHF 15/Tag. Leinenpflicht. Kein Zutritt zum Rest., Robidog mit Hundetoilettenbeuteln im Ort vorh.
Beschreibung: Hotel im Chalet-Stil im Herzen Lenks (Simmental). Wandern, Biken, Wintersport in der Skiregion "Adelboden-Lenk".

EZ	DZ	MB	HP
ÜF 95-175 CHF	ÜF 180-300 CHF	a.A.	42 CHF

Hotel Chalet Du Lac ★★★
CH-3807 Iseltwald
S. Abegglen u. S. Frewein, Tel/Fax 0041-338-458458/-458459
abegglen@dulac-iseltwald.ch, www.dulac-iseltwald.ch

Ausstattung: DU, Bad, WC. Radio, TV, Telefon, Internet-Anschluss auf Wunsch. Teppichboden. Zimmer teilweise mit Balkon. Restaurant. Kostenlose Parkplätze.

Sonstiges: Hauseigener Bootssteg

Tiere: Kleiner Vorrat an Hundefutter. Tiere dürfen sich frei bewegen, angeleint in Frühstücksraum und Restaurant. Hundetoilettenbeutel-Automaten in der Nähe.
Tiere vor Ort: Hund

Beschreibung: 3-Sterne-Hotel im Chaletstil; familiäre Atmosphäre. An der malerischen Fischerbucht von Iseltwald direkt am Brienzersee gelegen. Komfortable Zimmer mit wunderschöner Aussicht auf Berge und See. Fischspezialitäten und traditionelle Schweizer Küche. Große Terrasse und Seegarten.
Bitte Hausprospekt anfordern.

4 EZ	17 DZ	MB	HP
ÜF 90 - 135 CHF	ÜF 150 - 240 CHF	ÜF 210 - 330 CHF	35 CHF

Chalet Gletscherfloh
Nirggen, CH-3818 Grindelwald
Lysbeth Inäbnit, Tel. 0041-33-8224461, Fax 0041-33-8211225
lys.inaebnit@bluewin.ch, www.grindelwald-schweiz.ch

Ausstattung: DU, Waschm., 2 WC. KÜ, Geschirrsp., Mikrow., Backofen, Raclette, Fondue. TV, Radio, Telefon. Balkon. Teppich. Große Spiel- u. Liegewiese.
Tiere: Hunde/Katzen; kostenlos. Tiere dürfen sich frei bewegen. Eingezäuntes Grundstück. Hundetoilettenbeutel in der Nähe.
Beschreibung: Umgeben vom Ski- und Wanderparadies von Eiger, Mönch und Jungfrau erreichen Sie in wenigen Minuten Bergbahnen, Sport- u. Freizeitanlagen sowie Restaurants.

1 FH (4 Zi., 3 SZ; 2 - 6 Pers.; 90 m²)
Ü 105 - 175 €

Parkhotel Schoenegg ★★★ superior

Hauptstrasse, CH-3818 Grindelwald
Anja Stettler, Tel. 0041-33-854 1818, Fax 0041-33-854 1819
info@parkhotelschoenegg.ch, www.parkhotelschoenegg.ch

Ausstattung: DU, Bad, WC. Radio, TV, Telefon, WLAN. Safe. Glatte Böden/Teppichböden. Teilweise Balkon. Restaurant. Lift, Hallenbad, Sauna. Parkhaus gegen Gebühr.
Tiere: Hund; 10-14 CHF/Tag, Katze; 8 CHF/Tag. Willkommensleckerli, Körbchen, Decke, Näpfe, Tiersitterservice. Angeleint im Hausbereich. Eigener Frühstücksraum/ Restaurant f. Tierbesitzer. Hundetoiletten u. Automaten mit Hundetoilettenbeutel. Tiere vor Ort: Hund
Beschreibung: Alpines Ferienhotel mit Wellnessanlage - Wohlbefinden für Zwei- und Vierbeiner garantiert!

12 EZ	28 DZ	7 MB	HP
ÜF 150 - 200 CHF	ÜF 270 - 370 CHF	a.A.	20 CHF

Hotel Sport

CH-3905 Saas Almagell
Sonja Anthamatten, Tel. 0041-27-9572070, Fax 0041-27-9573370
info@hotelsport.ch, www.hotelsport.ch

Ausstattung: DU, WC. Tel., Radio, WLAN. Tepp./Laminat, Safe, teilw. Balkon. Frühstücksraum. Natureisbahn, Eisstockschießen, Skipiste am Hotel. Gratis-Parkplätze.
Tiere: Hund; 8 CHF/ Tag. Angeleint im Hausbereich. Vor Ort: Hund Bora.
Behind. Einr.: 9 rollstuhlgerechte Zimmer
Beschreibung: Ruhiges Ferienhotel neben der Skipiste im Süden von Wallis im hochalpinen Saastal gelegen. Stolze Viertausender, Gletscher zum Anfassen. 3 Fewo Haus ALPENPERLE und WILDI.

EZ (als DZ)	17 DZ	2 MB	3 Fewo / 1 FH (bis 7 / 5 Pers.)
ÜF 92-112 CHF	ÜF 168-194 CHF	a.A.	a. A.

Ferienwohnungen Aristella ★★★ / ★★★★

Haus Alpenglück, CH-3906 Saas-Fee
K. Bumann, Tel. 0041-27-9573104, Fax: 0041-27-9573180
info@ferien-in-saas-fee.ch, www.ferien-in-saas-fee.ch

Ausstattung: DU, Bad, WC. KÜ, Geschirrsp., Mikrow., Backofen. Radio, TV, WLAN. Glatte Böden/Teppich. Balkon. Lift, NRW. Vielfältiger Wintersport in hochalpiner Lage, Rodelbobbahn. Wandern, Tennis, Sport- u. Freizeitzentrum, Hallenbad, Wellness, Pétanque, Klettersteige, Mountainbiking, Abenteuerwald. Kostenpflichtige Parkplätze am Dorfeingang. Saas-Fee ist autofrei.
Tiere: Max. 3 Hunde/Katzen/Kleintiere; kostenlos. Tiere dürfen sich frei bewegen. Hundetoiletten u. -beutel.
Kinder: großer Spielplatz vor dem Haus
Beschreibung: Sie haben Ferien - die wertvollste Zeit im Jahr - und wir ein vielfältiges Angebot an Apartments bzw. Ferienwohnungen für bis zu 12 Personen mit Top-Leistungen in Saas-Fee. Geniessen Sie in Ruhe oder entspannen Sie aktiv!

15 Fewo (1 - 12 Pers.)	Kurtaxe
bis 2 Pers. 50 - 90 CHF / weit. Pers. 30 CHF / Euro 20.-	2,50 CHF

*Das letzte Wort über die Wunder des Hundes
ist noch nicht geschrieben.*

Jack London 1876 - 1919

Hotel Europa ★★★

Hallumatte, *CH-3906 Saas-Fee*
M. Gysel, S. Bumann, Tel. 0041-279589600, Fax 0041-279589696
info@europa-saas-fee.de, www.europa-saasfee.ch

Ausstattung: DU, WC. Tel., Radio. TV, Internet, WLAN. Gl. Böden. Safe. Lift. Teilw. Balkon. NRZ. Bar, Rest.: Walliser Spezialitäten. Wellness: Saunen, Dampfbad, Whirlpool, Kneipp-Bäder, Massagen. Wintersport, Wandern.
Tiere: Max. 2 Hunde; je 15 CHF/Tag. Willkommensleckerli, Näpfe, Hundetoilettenbeutel. Angeleint im Hausbereich. Vor Ort: ein Hund
Beschreibung: Familiäres Hotel, leicht erhöhte, zentrale Lage in Saas-Fee mit herrlichem Blick auf die Saaser Berg- u. Gletscherwelt.

2 EZ	32 DZ	8 MB	HP
ÜF 75 - 130 CHF	ÜF 140 - 330 CHF	a.A.	25 CHF

Wellnesshotel Salina Maris ★★★★

Breiten 1, *CH-3983 Breiten ob Mörel*
F. u. M. Schmid-Naef, Tel 0041-279284242, Fax 0041-279284241,
info@salina.maris.ch, www.salina.maris.ch

Ausstattung: DU, Bad, WC. Tel., Radio. TV, WLAN. Glatte Böden. Minibar, Safe. Zi. alle mit Balkon. NRZ vorhanden. Restaurant: regionale Küche. Gourmetstübli, Terrasse. Thermal Sole-Bad, Therapien, Wassergymnastik, Massagen, Kosmetik, Sauna, Dampfbad, Solarium. Kraftraum. Physiotherapie, Meditation. Tagungen/Seminare (bis 25 Pers.) möglich. Parkhaus kostenlos.

Tiere: Hunde/Katzen; 7 CHF/Tag. Kleiner Hunde- und Katzenfuttervorrat, Körbchen, Decke, Näpfe, Hundetoilettenbeutel vorhanden. Angeleint im Hausbereich und Restaurant erlaubt. 1000 m² eingezäuntes Grundstück. Zaunhöhe: 1 m. Hundeferien buchbar. Tiere vor Ort: Hund, Katze

Beschreibung: Enstpannende Bade-, Berg- und Wellnessferien erwarten Sie im Vierstern Wellnesshotel Salina Maris in Breiten unterhalb der Riederalp. Das Walliser Hotel liegt am Tor zum Weltnaturerbe Aletsch (Schweizer Alpen). Das einzige schweizerisch anerkannte alpine Thermal Sole-Bad garantiert einen unvergesslichen Urlaub mit Wandern in den Alpen im sonnigen Wallis.

5 EZ	20 DZ	5 App.	HP
ÜF 150 - 180 CHF	ÜF 220 - 290 CHF	a.A.	38 CHF

Romantik Hotel Sternen ★★★

Haptstrasse 61, *CH-4566 Kriegstetten*
Christoph Bohren, Tel. 0041-326744161, Fax: 0041-326744162
info@sternen.ch, www.sternen.ch

Ausstattung: DU, Bad, WC. Telefon, Radio, TV, WLAN. Teppichböden. Minibar. Lift. NRZ vorh.
Restaurant: gutbürgerl., vegetar. u. Gourmetküche. Tagungen/ Seminare möglich. Kostenlose Parkplätze am Haus / Garage gegen Gebühr.

Tiere: Max. 2 Hunde/2 Katzen; 25 CHF/Tier/Tag. Angeleint im Hausbereich/Restaurant. Hundetoiletten u. Hundetoiletten- beutelspender in der Umgebung vorhanden.

Behind. Einr.: 1 rollstuhlgerechtes Zimmer

Beschreibung: Historisches Romantik Hotel im Biedermeierstil, umgeben vom großzügigen Park, ruhig gelegen im Herzen des Schweizer Mittellandes, nahe der Schweizer Verkehrsachse A1.

7 EZ	11 DZ	2 Suiten	HP
ÜF 150 - 195 CHF	ÜF 220 - 295 CHF	295 - 355 CHF	45 CHF

S C H W E I Z

Art & Hotel Garni

Wynentalstrasse 9, *CH-5723 Teufenthal*
Reception, Tel. 0041-627689030, Fax 0041-627689051
kontakt@aarau-arthotel.ch, www.aarau-arthotel.ch

Ausstattung: DU o. Bad o. Whirlpool, WC. Tel., TV, WLAN. Teppichböden. Safe, Fön, Minibar. Alles NRZ. Lift, Rest.: Trattoria Pizzeria Tapeo. Tagungen/ Seminare mgl. (bis 100 Pers.). Wandern, Tennis, Radfahren. Kostenlose Parkplätze, Garage gegen Gebühr.

Tiere: Hunde; 20 CHF/Tag. Willkommensleckerli, Decke, Hundetoilettenbeutel. Hundefutter nach Bedarf. Tiere dürfen sich frei bewegen. Angeleint im Hausbereich/Restaurant.

Behind. Einr.: ein rollstuhlgerechtes Zimmer

Beschreibung: Das Erlebnis: EinzigARTige, individuell gestal- tete Zimmer mit modernem Bad. Attraktive 2-stöckige Junior- suiten unter altem Gebälk mit frei stehender Sprudelbadewanne. Sehenswürdigkeiten: Schloss Hallwil, Schloss Liebegg und die wunderschöne Altstadt von Aarau.

7 EZ	9 DZ	1 MB	3 Junior-Suiten
ÜF 100 - 120 CHF	ÜF 220 - 270 CHF		ÜF 300 - 340 CHF

Erlebnishütte Mauser

Ibergereggstrasse, *CH-6432 Rickenbach b. Schwyz*
Thomas Bürgler, Mangelegg 98, CH-6430 Schwyz
Tel. 0041-79-3421555, Fax 0041-41-8118073
thomas.buergler@schwyz.net, www.mauserhuette.ch

Ausstattung: DU, WC. KÜ. Mikrowelle, TV, Fax-/Modemanschluss. Glatte Böden/Teppichboden. Kostenlose Parkplätze.

Tiere: Alle Tiere kostenlos. Tiere dürfen sich frei bewegen.

Beschreibung: Für Sommer- und Winterurlaub geeignet. Direkt an der Skipiste mit insgesamt 30 Anlagen.

1 FH (4 - 13 Pers.)
4 Pers. Ü 120 - 150 CHF (nur wochenweise Vermietung)

www.tierfreundliche-hotels.de

Gasthaus Bahnhof-Hafen ★★★

Pestalozzistrasse 1, CH-8280 Kreuzlingen
S. u. H. Gubler, Tel. 0041-71-6724258, Fax: 0041-71-6724287
relbug@bluewin.ch, www.chez-hampi.ch

Ausstattung: DU, Bad, WC. Radio, TV, WLAN. Glatte Böden. Safe, Minibar, Klimaanlage. NRZ vorhanden. Restaurant: gutbürgerliche Küche, vegetarische Gerichte. Parkplätze kostenlos / Garage gegen Gebühr.

Tiere: Max. 4 Hunde; kostenlos. Willkommensleckerli. Decke, Näpfe, Hundetoilettenbeutel vorhanden. Angeleint im Objektbereich sowie im Restaurant erlaubt. Hundetoilettenbeutel in der Umgebung vorhanden. Tiere vor Ort: 4 Hunde

Beschreibung: Kleines familiär geführtes Hotel direkt am Bodenseeradfahrweg. 5 min bis zum Grossschifffahrtshafen. Direkt am Bahnhof-Hafen. Ausflüge nach Schaffhausen, Rheinfall, Insel Mainau. Wandern am See.

5 EZ	5 DZ	HP / VP
ÜF 110 - 140 CHF	ÜF 180 - 200 CHF	30 CHF / 50 CHF

Gasthaus Weinhalde ★★

Rebhalde 9, CH-8645 Rapperswil/Jona
A. u. R. Pfiffner, Tel. 0041-55-2106633, Fax 0041-55-2111772
info@weinhalde.ch, www.weinhalde.ch

Ausstattung: DU, Bad, WC. Radio, Tel., TV, WLAN. Minibar, Teppichboden. NRZ vorh. Restaurant. Lift. Kostenl. Parkpl. Spielplatz
Tiere: Hund; 10 CHF/Tag. Angeleint im Hausbereich. Hundetoiletten in der Umgebung vorhanden. Tiere vor Ort: Hund.
Behind. Einr.: 2 Zimmer
Beschreibung: Das kleine Haus mit viel Ambiance und Blick auf den Züricher See. Vom Besitzer selbst geführt seit 30 Jahren.

6 EZ	8 DZ	2 Suiten	HP
ÜF 95 - 115 CHF	ÜF 200 - 240 CHF	ÜF ab 220 CHF	47 CHF

Churfirstenblick ★★★

Boden, CH-8758 Obstalden
F. Sägaesser, Grubenstr. 35, CH-4900 Langenthal, Tel. 0041-62-922 86 08
danielasaegesser@bluewin.ch, www.glarusnet.ch; unter Ort Langenthal

Ausstattung: DU, Bad, Waschm., 2 WC. Küche, Holz- /Elektroherd. Kachelofen, Holzheizung. TV, Radio, Telefon. Gl. Böden/Teppich. Kostenl. Parkplätze.

Sonstiges: Wandern, Mountainbiken, Sommerrodelbahn, Minigolfanlage, Baden im See, Hallenbad

Tiere: Hund; kostenlos. Decke, Fress-/Wassernapf vorhanden. Tiere dürfen sich frei bewegen, außer auf dem Spielplatz.

Kinder: Sandkasten, Spiele

Beschreibung: Alleinstehendes, kinderfreundliches Einfamilienhaus mit Garten und sonnigem, ruhigem Sommersitzplatz (teilweise gedeckt) am Kerenzerberg im Kanton Glarus oberhalb des Walensee gelegen. Bitte Hausprospekt anfordern.

1 FH (7 - 8 Betten, 1 Kinderbett)	Endr.
bis 4 Pers. Ü 70 CHF / weit. Pers. 5 CHF	95 CHF

Sie kennen ein tierfreundliches Haus? Rufen Sie uns an
0049 (0) 6023.999458 oder mailen Sie an
info@tierfreundliche-hotels.de

Hotel Tannenboden

Tannenboden, CH-8898 Flumserberg
Rezeption, Tel. 0041-81-7331122, Fax: 0041-81-7332458
info@tannenboden.ch, www.tannenboden.ch

Ausstattung: DU, teilw. Bad, WC. Radio, TV, WLAN im Haus. Teppichböden. Lift, teilweise Balkon, NRZ vorh. Bar, Rest.: gutbürgerl. Küche, veg. Gerichte. Gartenterrasse. Sauna, Solarium, Massagen. Tagungen/Seminare möglich. Kostenl. Parkplätze/Garage gegen Gebühr.
Tiere: Max. 3 Hunde; 6 CHF/Zi. Kl. Hundefuttervorrat, Hundetoiletten/-beutel. Angeleint im Objektbereich/Restaurant. Hundeübungsgelände auf der Alp. Hündelerferien. Hundeloipe 200 m entfernt. Tiere vor Ort: Hund
Kinder: Spielzimmer, großer Spielplatz, Heidihaus, Heidi-Erlebniswege 30 km entfernt.
Beschreibung: Unser Familienbetrieb auf 1400 m ü. d. M. ist der ideale Ausgangspunkt im bekannten Wander- und Schneesportgebiet Flumserberg / Ferienregion Heidiland.

SCHWEIZ

19 EZ	37 DZ	6 MB	HP / VP
ÜF 54 - 110 CHF	ÜF 108 - 210 CHF	a. A.	33 CHF / 53 CHF

Zeichnung: Karin Ute Reuter

Unterkünfte Frankreich

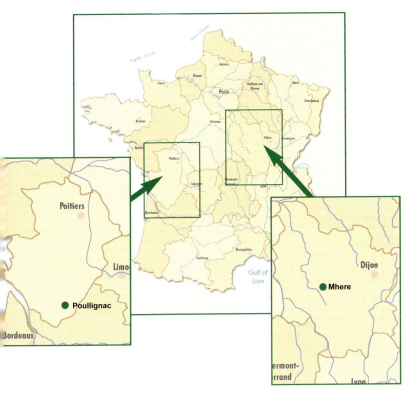

Allgemeine und Informationen zur Einreise mit Hunden/Katzen

ATOUT FRANCE
Zeppelinallee 37
D-60325 Frankfurt / Main

Tel. 0900 - 1 57 0025 (von Deutschland aus)
Fax 0900 - 1 59 9061

info.de@franceguide.com
http://de.franceguide.com

Die Einreise von bestimmten Rassen (Kampfhunde o. gefährliche Hunde) ist verboten. Schutz- und Wachhunde dürfen nur mit Maulkorb reisen und müssen an der Leine geführt werden.

Änderungen und spezielle Bestimmungen für die Einreise mit anderen Tieren erfahren Sie bei der zuständigen Botschaft oder dem Amtstierarzt.

Logis de Beaulieu
F-16190 Poullignac/Charente/Südwestfrankreich
Von Olfers, Tel. 0049-221-6776311
info@logis-de-beaulieu.eu, www.logis-de-beaulieu.de

Ausstattung: DU, Bad, Waschm., WC. KÜ, Mikrow., Spülm., Backofen. Sat-TV, DSL-WLAN, Stereoanl./CD/DVD. Kamine, Heizung, Fliesen/Kacheln, Terrasse, Grillplatz, Pool (8 x 14 m), hauseigener Tennisplatz.
Tiere: Hunde; 20-25 € einmalig. Weiter Auslauf auf Feldern und Wiesen. Hundebaden in zwei naheliegenden Seen.
Kinder: Spiele, Bücher, Tischtennis
Beschreibung: Die Hofanlage aus dem 17. Jh. und ein Charentaiser Bauernhaus bilden mit Wald, Feldern, Seen und Tennisplatz das Landgut Beaulieu (Südfrankreich). Entdecken Sie Wein, Bordelais, Dordogne u.v.a. kulturelle Sehenswürdigkeiten der Umgebung. Angoulême (38 km), La Rochefoucauld (65 km), Cognac (45 km), St. Palais sur Mer (85 km).

1 Fewo (140 m², 6 Pers., 3 SZ)	1 Fewo (65 m², 3 Pers.)	1 Fewo (152 m², 8 Pers.)	Endr.
Ü 670 - 900 € / Woche	Ü 340 - 450 € / Woche	Ü 670 - 900 € / Woche	50 - 75 €

Ferienhaus Frankreich Burgund
F-58140 Mhere
Gabi u. Ingmar Bessert, Tel: 0049 (0) 7144-24585
gabi.bessert@arcor.de, http://mitglied.lycos.de/ismendoa

Ausstattung: DU, WC. KÜ, Wasch-/Spülm., Backofen. Radio, Sat-TV, Stereoanl./CD. Glatte Böden. 2 SZ, Salon mit Holzheizung. Großer Garten, Gartenmöbel, Grill. Wäscheservice.
Tiere: Max. 2 Hunde; kostenlos. 600 m² eingezäuntes Grundstück. Zaunhöhe: ca. 50 cm. Hundefreundliche Restaurants in der Umgebung. Hundebadestrand am Lac de Panneciere.
Beschreibung: Ferienhaus für Genießer in Frankreich-Burgund mitten im Herzen Frankreichs im Naturpark Morvan. Wandern, Angeln, Reiten, Kanu, Radfahren, Schwimmen. Unzählige Schlösser, Klöster und alte Städte z.B. Avallon, Vezelay, Autun, Auxerre...

FH (bis 4 Pers., 100 m²)
Ü ab 385 € / Woche

Unterkünfte in Spanien

Allgemeine und Informationen zur Einreise mit Hunden/Katzen

Spanisches Fremdenverkehrsamt
Myliusstr. 14
D-60323 Frankfurt / Main

Tel. 069 - 72 50 38
Fax 069 - 72 53 13

frankfurt@tourspain.es
www.spain.info/de/tourspain

Maulkorb (in einigen Regionen Pflicht) und Leine (Leinenpflicht) sind mitzuführen sowie Transportbehälter für Tiere.

Einfuhr von Vögeln ist verboten (Vogelgrippe). Änderungen und spezielle Bestimmungen für die Einreise mit anderen Tieren erfahren Sie bei der zuständigen Botschaft oder dem Amtstierarzt.

SPANIEN

Hotel Sidi San Juan ★★★★★
C/ La Doblada, 8, Playa de San Juan, *E-03540 Alicante*
G. Riquelme, Tel. 0034-96-5161300, Fax 0034-96-5163346
reservas@sidisanjuan.com, www.hotelessidi.es

Ausstattung: DU, Bad, Fön, WC. Sat.-TV, Radio, Tel., Internet/WIFI. Teppich, Minibar, Safe, Balkon, NRZ. Rest., Bar, Lift, Wellness, Fitness, Tennis, Innen-u. Außenpool, Golf. Parkhaus
Tiere: Hunde/Katzen; je 27,75 €/Tag (incl. MwSt.). Decke, Näpfe. Tiere angeleint im Hausbereich. Kein Zutritt zu Frühstücksraum, Restaurant und Spielplatz. Eingezäuntes Grundstück.
Kinder: Spielplatz mit Kinderpool und Märchenhaus. Kinderanimation Juli und August.
Beschreibung: Direkt am langen Sandstrand von San Juan, 6 km nördlich von Alicante und 21 km vom Flughafen gelegen. Alle Zimmer mit Garten- und Meerblick.

15 EZ	148 DZ	13 Suiten	HP / VP
ÜF 85 - 211 €	ÜF 120 - 290 €	a.A.	33 € / 68 €

Finca La Cabaña
E-11150 Vejer de la Frontera/El Palmar
Carsten Göke, Tel. 0049-173-7345837
finca_la_cabana@yahoo.de, http://elvagabundo.jimdo.com

Ausstattung: Bad, WC. Wohnküche, 4-Flamm-Herd, Kühlschrank. 2 Schlafzimmer. Baden, Surfen. Viele Infos, Fotos und Videos auf der Homepage!
Tiere: Alle Tiere kostenlos. Willkommensleckerli, Körbchen, Decke, Näpfe, Kratzbaum, Reiterhof. 2500 m² eingezäuntes Grundstück. Zaunhöhe: 1,5 m. Vor Ort: 2 Hunde, 2 Katzen
Kinder: Haufenweise Kinderspielzeug für den Strand und freundliche Vermieter!
Beschreibung: Gemütliches Holzhaus im südspanischen Andalusien nur 10 min vom Atlantik, verschont vom Massentourismus. Menschen und Tiere herzlich willkommen.

2 FH (bis 4 Pers.; 2 SZ; 42 m²)
Ü 40 - 75 €

Finca Huerta Tropical
Apdo Correos 746, *E-29740 Torre del Mar/Malaga*
Werner & Riitta Geiser - Kuusamo, Tel.: 0034-666 749 949
info@fincaferien-in-andalusien.com, www.fincaferien-in-andalusien.com

Ausstattung: DU, WC. Sat-TV, WLAN. Gl. Böden, Ventilator, Heizg., Pool, Sauna. Frühst.terrasse/Speiser. Mandel-/Olivenbäume, Weinberge, Obstplantage.
Tiere: Max. 1 Pferd/1 Hund/1 Katze; kostenlos. Körbchen, Decke, Näpfe, kl. Tierfuttervorrat. Ausritte im benachbarten Gestüt. 7800 m² Grundstück. Vor Ort: Hund, Katzen, Pferde
Beschreibung: Landpension im andalusischen Stil, im Herzen der Axarquia (östl. Costa del Sol). Küste Torre del Mar (12 km).

4 DZ	4 DZ
ÜF 59 - 69 €	ÜF 69 - 79 € / weit. Pers. 19 €

Spanienurlaub mit Hund

Career Marinera, E-43580 Riumar-Deltebre
Frank Hapke, Tel. 02045-402930
info@riumar.de, www.Spanienurlaub-mit-Hund.de

Ausstattung: DU, Bad, WC, Waschmaschine. KÜ, Spülmaschine, Mikrowelle, Backofen. TV, Radio, Internet. Kamin. Glatte Böden. Alle Häuser mit Terrasse. Wäscheservice, Brötchen-Bringdienst. Kostenlose Parkplätze und Garage am Haus. Weiteres a.A.

Sonstiges: Wassersport, Radfahren, Tennis, Volleyball, Fußball, Wandern, Wellnessangebote

Tiere: Hund/Katze/Kleintiere; kostenlos. Tiere dürfen sich generell frei bewegen, außer am Kinderspielplatz. Eingezäunte Grundstücke.

Kinder: Spielplatz, Beach-Club Kinderfreizeit Camping Riumar, Fahrradverleih, Strandkino, Tierpark

Beschreibung: Spanienurlaub mit Hund direkt am Meer. 70 private Ferienhäuser nur 50 - 300 m vom Strand entfernt. 20 km Sandstrände und endlose Dünenlandschaften.

SPANIEN

70 FH (4-12 Pers. / 2-7 Schlafzi.)	Endr.
bis 4 Pers. Ü 290-590 € / Woche	50 – 80 €

Hotel Sidi Saler ★★★★★

Gola del Puchol, s/n, Playa El Saler, *E-46012 Valencia*
Quico Cruz, Tel. 0034-96-1610411, Fax 0034-96-1610838
reservas@sidisaler.com, www.hotelessidi.es

Ausstattung: DU, Bad, Fön, WC, Sat.-TV, Radio, Tel., Internet/WIFI. Teppich. Minibar, Safe, Balkon, NRZ, Rest., Bar, Lift, Wellness, Fitness, Tennis, Pool, Golf. Kostenlose Parkplätze.
Tiere: Hunde/Katzen; je 27,75 €/Tag (incl. MwSt.). Decke, Näpfe. Tiere angeleint im Hausbereich. Kein Zutritt zu Frühstücksraum, Restaurant, Spielplatz. Eingezäuntes Grundstück.
Kinder: Spielplatz mit Kinderpool und Märchenhaus. Kinderanimation Juli/August.
Beschreibung: Direkt am Sandstrand, beim Albufera-Naturpark, 15 km südlich von Valencia gelegen. Alle Zimmer mit Garten- und Meerblick.

30 EZ	226 DZ	16 Suiten	HP / VP
ÜF 85 - 214 €	ÜF 120 - 340 €	a.A.	33 € / 68 €

Casa Valle del Turia

Valle Del Turia 73, *E-46180 Benaguasil/Valencia*
Barbara & Klaus Dieter Breuer, Tel. & Fax: 0034-96-2730630
breuer@casa-del-turia.de, www.casa-del-turia.de

Ausstattung: DU, WC, Waschm. KÜ, Backofen. Sat-TV, WLAN. Glatte Böden, Pool. Flughafenservice, Wellness-Massagen a. W. vom Profi. Fahrradverleih.
Tiere: 1 Hund; kostenlos. Decke, Näpfe, kl. Futtervorrat. Hundesitting. Vor Ort: Hund, Katze
Beschreibung: Entspannter Urlaub in der Sonne von Valencia für Hund und Herrchen/Frauchen! Meer, Berge, Strand und Stadt. Golf, Wandern, Wassersport, Reiten, Radrennen, Städte-Reisen u.v.m.

1 Fewo (bis 4 Pers., 58 m²)		F	Endr.
bis 2 Pers. Ü 49 € / weit. Pers. 5 €		5 €	29 €

Südtirol/ Italien

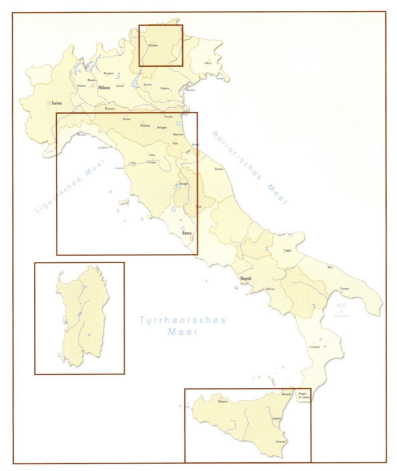

Allgemeine und Informationen zur Einreise mit Hunden / Katzen

Italienische Zentrale für Tourismus ENIT
Neue Mainzer Strasse 26
D-60311 Frankfurt / Main

Tel. 069 - 23 74 34
Fax 069 - 23 28 94

Enit.ffm@t-online.de / www.enit-italia.de

Maulkorb und Leine (Leinenpflicht) sind mitzuführen. Hier finden Sie auch Informationen zu Hundestränden in Italien. Änderungen und spezielle Bestimmungen für die Einreise mit anderen Tieren erfahren Sie bei der zuständigen Botschaft oder dem Amtstierarzt.

Südtirol

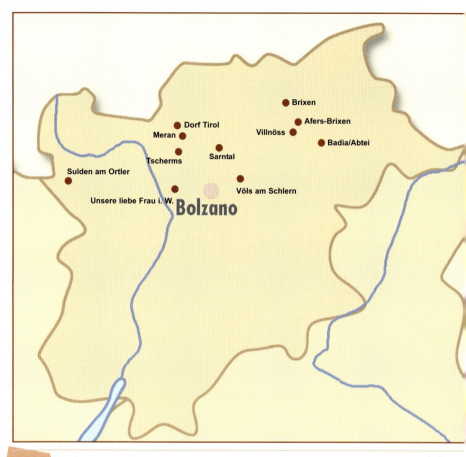

Gasthof "Zur Sonne" ★★

Malgasott 33, I-39010 Unsere liebe Frau im Walde
Barbara Tribus, Tel. und Fax 0039-0463-859006
info@gasthofsonne.com, www.gasthofsonne.com

Ausstattung: DU, Bad, WC. TV, Internet-Anschluss im Haus. Safe. Glatte Böden, Teppichböden. Teilw. Balkon. Restaurant: gutbürgerliche Küche, vegetarische Gerichte. Liegewiese, große Grünflächen um das Haus. Kostenlose Parkplätze.

Tiere: Hund/Katze; kostenlos. Vorrat an Hunde-/Katzenfutter. Willkommensleckerli, Fress- /Wassernäpfe. Tiere dürfen sich frei bewegen. Eigener Frühstücksraum/Restaurant für Tierbesitzer. Tiere vor Ort: Hund, Katze, Pferd

Kinder: Kinderspielplatz, Kinderteller, Kinderermäßigung

Beschreibung: Zentral gelegen inmitten von Wiesen und Wäldern, idealer Auslaufplatz für Hunde. Die Chefin kocht für sie italienische und einheimische Spezialitäten.

2 EZ	11 DZ	3 MB	HP / VP
ÜF 28 - 32 €	ÜF 54 - 60 €	a. A.	9,50 € / 15 €

Pension Angergut ★★★

Gampenstr. 8, I-39010 Tscherms
Brigitte Nock, Tel. 0039-0473-561674, Fax 0039-0473-561674
info@angergut.it, www.angergut.it

Ausstattung: Zimmer: DU, WC. TV. Glatte Böden, Teppichböden. Zimmer teilweise mit Balkon. Safe.
Fewo: DU, WC. KÜ, Backofen. TV. Glatte Böden, Teppichböden. Teilweise mit Balkon. Wäscheservice, Brötchen-Bringdienst. Wäsche und Geschirr vorhanden.
Restaurant: gutbürgerliche Küche. Schwimmbad. Kostenlose Parkplätze am Haus

Tiere: Max. 1-2 Hunde/Katzen; kostenlos. Kleiner Vorrat an Hundefutter vorhanden. Tiere dürfen sich frei bewegen, angeleint im Hausbereich. Hundetoiletten in der Nähe. Hundeloipe in der Nähe. Tiere vor Ort: Hund - Labrador

Kinder: Spielplatz, Tischtennis, Schwimmbad

Behind. Einr.: Rollstuhlgerechte Ferienwohnung

Beschreibung: Die Pension Angergut verbindet modernen Komfort mit dem unverwechselbaren, romantischen Charme der burggräfler Umgebung. Eingebettet zwischen den Obstgärten ist es gleichzeitig ein idealer Ort für ein Apéro oder für eine Erfrischung nach einem erlebnisreichen Tag. Die Atmosphäre in unserem Haus ist gepflegt, aber unkompliziert. Die Pension Angergut ist eine Oase der Ruhe und Erholung. Entfernung nach Meran: 5 km, nach Lana: 1 km. Hausprospekt anfordern.

SÜDTIROL

9 DZ	2 App.	2 Fewo (2 - 4 Pers.)	HP
ÜF 56 - 64 €	a.A.	2 - 4 Pers. Ü 50 - 68 €	12 €

Hotel Westend ★★★

Speckbacherstr. 9, I-39012 Meran
Alexander Strohmer, Tel. 0039-0473-447654, Fax: 0039-0473-222726
info@westend.it, www.westend.it

Ausstattung: DU, WC. Telefon, SAT-TV. Glatte Böden/Teppichboden. Minibar, Safe, Lift. Zimmer teilweise mit Balkon. Speisesaal im Jugendstil: traditionelle Küche, vegetarische Gerichte, einheimische Spezialitäten, Bar, Fernsehsalon. Gepflegter Garten, Skiverleih, kostenloser Fahrradverleih. Wellness im Ort. Kostenlose Parkplätze am Haus.

Tiere: Hund/Katze; 8 €/Tag. Kleintiere a.A. Hundetoiletten vorhanden. Angeleint im Objektbereich. Kein Zutritt zum Frühstücksraum/Restaurant. Eingezäuntes Grundstück

Kinder: Pferdeschaukel

Beschreibung: Eingebettet in eine herrliche Gartenlandschaft, die berühmte Passerpromenade vor der Haustür und die glitzernde Meraner Bergkulisse im Rücken befindet sich unser Haus im Jugenstil. Wohnen im Hotel Westend heißt Herzlichkeit und Urlaub pur, heißt Stil und Tradition genießen mit allen Vorteilen des modernen Lebens. Die Therme Meran (unser Haus ist Partnerhotel) lädt mit zahlreichen Pools und Saunen sowie Wellnessanwendungen in einem exklusiven Ambiente zur Erholung und Entspannung ein.
Unser Haus liegt 10 min. vom Kur-, Kongress- und Stadtzentrum bzw. Zug-/Autobahnhof entfernt. In der Nähe Schloss Trauttmansdorff, Kloster Neustift, Pferderennen. Ideal zum Wandern, Rodeln, Ski, Snowboard, Alpinbob, Golf, Radfahren. Ausgezeichnete Küche und reichhaltiges Frühstücksbuffet.

4 EZ	17 DZ	App.	HP	VP
ÜF 55 - 90 €	ÜF 90 - 140 €	a. A.	15 €	30 €

Hotel "Mair am Ort" ★★★

Schlossweg 10, I-39019 Dorf Tirol (BZ)
Elisabeth Prünster, Tel. 0039-0473-923315, Fax: 0039-0473-923102
info@mairamort.com, www.mairamort.com

Ausstattung: DU, Bad, WC. Tel., TV, WLAN. Glatte Böden/Teppich. Safe. Zimmer teilw. mit Balkon. Restaurant: regionale, internationale Küche, vegetar. Gerichte. Bar, Lift. Hallenbad, Sauna, Fitnessraum. Kostenlose Parkplätze/Garagen am Haus.

Tiere: Hund; 10 €/Tag. Katzen; kostenlos. Willkommensleckerli, Körbchen, Decke, Näpfe, Hundetoilettenbeutel vorhanden. Gassidienst, Tiersitterservice, Leinen- und Maulkorbverleih, Hundeschule, Seminare u. Vorträge zu Tierthemen, Hund-Shop, Tierarzt auf Abruf. Tiere angeleint im Hausbereich/Restaurant. Eigenes Restaurant für Tierbesitzer vorhanden. Tiere vor Ort: 2 Hunde

Beschreibung: Die wohl einmalige Lage von Dorf Tirol auf dem Sonnenplateau oberhalb der Kurstadt Meran mit sagenhaften Rundblick in das Etschtal lässt jeden ins Schwärmen kommen. Sehenswürdigkeiten: Schlösser Tirol und Brunnenburg, botanische Gärten von Schloss Trauttmansdorff. Wandern, Radfahren, Nordic Walking, Golfen, Minigolf, Reiten u.v.m.

4 EZ (DZ)	30 DZ	MB	HP
ÜF 58 - 98 €	ÜF 43 - 83 €	a.A.	12 €

Hotel Bambi ★★★

Sulden 11, I-39029 Sulden am Ortler (1900 m)
Tel. 0039-0473-613042, Fax 0039-0473-613242
info@hotelbambi.com, www.hotelbambi.com

Ausstattung: DU, Bad, WC. Tel., TV. Teppichböden. Zimmer alle mit Balkon. NRZ vorhanden. Lift, Bar, Restaurant: Südtiroler und Italienische Spezialitäten. Kostenlose Parkplätze am Haus.

Tiere: Max. 2 Hunde/Katzen; 5 €/Tag. Kleintiere a.A. Angeleint im Hausbereich erlaubt. Leinenpflicht im gesamten Stilfserjoch Nationalpark. Tiere vor Ort: Katze, Hund

Behind. Einr.: alle Zimmer

Beschreibung: Das Ortler-Massiv lockt mit seinen Drei- und Viertausendern in schwindelerregende Höhen und verführt zum besonderen Höhenrausch. Doch nicht nur extreme Klettertouren führen ans Ziel! Von Hütte zu Hütte gibt es aussichtsreiche und lohnende Höhenwege. Abwechslungsreiche Wanderungen im Reinluftgebiet Sulden über Hochebenen, Almen und Wiesen lassen die faszinierende, magische Bergwelt erleben!

2 EZ	6 DZ	12 Suiten	HP
ÜF 45 - 55 €	ÜF 60 - 90 €	a. A.	13 - 17 €

SÜDTIROL

Hotel Serena ★★★

Pedraces 32, I-39036 Badia/Abtei
Tel. 0039-0471-839664 Fax 0039-839854
info@hotel-serena.com, www.hotel-serena.com

Ausstattung: DU o. Bad, WC. Sat-TV. Gl.Böden/Teppichböden. Safe. Rest., Bar, Hallenbad, Türkisches Dampfbad, Sauna, Whirlpool, Massagen. Fitnessraum. Heilpraktikerin im Haus.
Tiere: Hund; 8 €/Tag. Kleintiere a.A. Tiere dürfen sich frei bewegen. Kein Zutritt zu Restaurant, Bar und Leseraum.
Kinder: Spielzimmer
Beschreibung: Unser Haus mit familiärer Atmosphäre ist ruhig gelegen mit Panoramablick zum Heiligen Kreuzkofel. Im Winter mit dem Gratis-Skibus in 3 min zum nächsten Lift.

12 EZ	32 DZ	5 MB	3 Suiten	VP
HP 58 - 115 €	HP 102 - 216 €	a. A.		15 €

Oberpiskoihof ❁ ❁ ❁

St. Jakob 9, I-39040 Villnöss
Anna Pernthaler, Tel. 0039-0472-840188, Fax: 0039-0472-679228
info@oberpiskoihof.it, www.oberpiskoihof.it, Handy 0039-346-3054820

Ausstattung: DU, Bad, WC. KÜ. Tel., TV, Internet. Balkon. Gl. Böden. NRW vorh., Wäsche-/Brötchenservice, Mountainbike-/Rodelverleih, Klettsteig-Sets kostenl.
Tiere: Hund/Katze; 5 €/Tag. Kleintiere a.A, Decke, Näpfe. Tiere dürfen sich generell frei bewegen. Tiere vor Ort: Bauernhoftiere
Kinder: 2 große Spielplätze - einer im Wald mit Riesentrampolin
Beschreibung: Kinder- und tierfreundlicher Bergbauernhof am Waldrand vor herrlichem Dolomitenpanorama.

4 Fewo (1 - 8 Pers.)
für 2 Pers. Ü 38 - 52 € / weit. Pers. 10 €

Berghotel Schlemmer ★★★ X

Palmschloss 294/5, I-39042 Afers-Brixen
Familie Slemmer, Tel. 0039-0472-521306, Fax: 0039-0472-521236
info@berghotel-schlemmer.com, www.berghotel-schlemmer.com

Ausstattung: DU, WC. Tel., SAT TV, WLAN. Safe. Teilw. Zimmer mit Balkon. Teppichboden. Restaurant: gutbürgerl. Küche, vegetarische Gerichte, Bar. Lift, Sauna, Dampfbad. Kostenlose Parkplätze.
Tiere: Hund/Katze; 3 €/Tag. Kleintiere a.A. Näpfe vorhanden. Tiere dürfen sich generell frei bewegen. Tiere vor Ort: 2 Hunde
Behind. Einr.: 2 rollstuhlgerechte Zimmer
Beschreibung: Das Ski- und Wanderhotel mit Urlaub vom Auto

1 EZ	22 DZ	5 MB
HP 48 - 85 €	HP 77 - 146 €	a.A.

Schloss Campan ❀ ❀ ❀

Franz von Unterrichter-Weg 2, I-39042 Brixen
Dr. R. von Unterrichter, Tel. 0039-0472-831136, Fax: 0039-0472-208735
info@campan.it, www.campan.it

Ausstattung: DU, Bad, WC. KÜ. TV. Teilw. Zimmer mit Balkon. Gl. Böden. Kostenlose Parkplätze, Reiten, Massagen, Hallenspassbad im Ort.
Tiere: Hund/Katze/Kleintiere; kostenlos. Pferdebox 20 €/Tag. Reitschule, Pferdekoppel. Hundezwinger, Näpfe vorhanden. Tiere dürfen sich generell frei bewegen. Eingezäuntes Grundstück. Tiere vor Ort: 2 Hunde
Kinder: Spielplatz, Kinderspielhaus
Behind. Einr.: 2 rollstuhlgerechte Wohnungen
Beschreibung: Historischer Ansitz inmitten von Park und Grünanlagen. Reiterhof in Nachbarschaft. Kinderspielplatz und Lesepavillon. Im Umkreis von 20 km 5 familienfreundliche Skigebiete, Fahrradverleih, hofeigene Produkte: Apfelsaft, Wein, Marmeladen.

SÜDTIROL

4 Fewo (2 - 6 Pers.)
Ü 60 - 120 €

Prackfolerhof ❀ ❀ ❀ ❀

Unteraicha 10, I-39050 Völs am Schlern
Familie Planer, Tel. 0039-0471-601532, Fax: 0039-0471-640507
info@prackfolerhof.it, www.prackfolerhof.it

Ausstattung: DU, WC, Waschmaschine. KÜ, Spülmaschine, Backofen. TV, Tel., ISDN-Internet. Alle Zimmer mit Balkon/Terrasse. Glatte Böden.
NRW vorh. Wäsche-/Brötchenservice. Wandern, Ski fahren.
Tiere: Max. 3 Tiere / Fewo. Hunde/Katze/Kleintiere kostenlos.
Viel Spass für Hund und Halter – Agility-Geräte kostenlos.
Tier dürfen sich generell frei bewegen, außer am Spielplatz.
Kinder: Spielplatz, Bibliothek, Spiele
Beschreibung: Willkommen im Hundeparadies im Herzen der Dolomiten – UNESCO-Weltnaturerbe! Neu eröffneter Bauernhof mit Künsteratelier und Bauernladen. Nahe von Schloss Prösels und dem Völser Weiher – Naturschwimmsee. Messner-Mountain-Museum, Ötzi-Museum in Bozen (15 km).

3 Fewo (2 - 6 Pers.)	
bis 2 Pers. Ü / ÜF 55 - 68 € / weit. Pers. 10 €	Kinder bis 6 J. kostenlos

Residence Bergerhof ★ ★

Rheinswald 1, I-39058 Sarntal
Familie Kofler, Tel. 0039-0471-625109, Fax: 0039-0471-625684
info@residence-bergerhof.it, www.residence-bergerhof.it

Ausstattung: DU, WC. Balkon. F-Raum. Fewo: DU, WC. KÜ, Backofen. Tel., TV. Parkplätze.
Tiere: Pferd/Box 5 €/Tag. Hund; 2 €/Tag. Katzen kostenlos. Tiere angeleint im Hausbereich. Kein Zutritt zum Frühstücksraum. Tiere vor Ort: Pferde, Kühe
Behind. Einr.: 2 rollstuhlgerechte Zimmer
Beschreibung: Reitbetrieb für Hausgäste, Grillplatz. Wandern, Angeln, Wintersport, Kultur.

2 EZ	5 DZ	8 Fewo (2 - 4 Pers.)	HP	Endr.
ÜF 30 €	ÜF 56 €	bis 4 Pers. 35 - 60 € / weit. Pers. 8 €	40 €	25 €

www.tierfreundliche-hotels.de

Italien

Ferienhaus Castelsardo 1

I-07031 Castelsardo (SS)
Tel. 0049-89-12392998, Fax 0049-89-32450816
www.sardinien-sardinia.com/details_ferienhaus_castelsardo_1.html

Ausstattung: DU, WC. KÜ, Backofen, Waschm., Trockner. Sat-TV, DVD. 2 SZ. Heizung, Grillplatz, Gartenmöbel, Fahrrad. Strand 150 m. Reiten, Angeln, Wald, Wandern, historische Sehenswürdigkeiten, Museum, Segeln, Tauchen, Wassersport, Windsurfing.
Tiere: Max. 1 Hund/Katze ohne Aufpreis. Kleintiere a.A.
Beschreibung: Gepflegte Doppelhaushälfte im ruhig gelegenen kl. Badeort (Castellardo 3 km) wenige Schritte vom Sandstrand entfernt. Strandurlaub mit Streifzügen durch die herrliche Natur verbinden und gleichzeitig auf kulturelle Entdeckungsreise gehen.

Fewo (66 m²; 3 Zi., 4 - 8 Pers.)
bis 4 Pers. Ü 290 - 800 € / Woche

Ferienhaus Iglesias 1

I-07031 Iglesias (Carbonia-Iglesias)
Tel. 0049-89-12392998, Fax 0049-89-32450816
es@toscana-forum.de, www.sardinien-sardinia.com

Ausstattung: 2 DU, 1 Bad, Waschm., 2 WC. KÜ, Backofen. TV, DVD-Player. 5 SZ, Klimaanlage, Balkon, großzügiger Pool, großer Garten (7000 m²), Grill, Liegestühle, Gartenmöbel.
Tiere: Max. 3 Hunde/Katzen; kostenlos. Kleintiere a.A.
Beschreibung: Gemütliches, ruhiges Haus umgeben von waldreicher Hügellandschaft, 10 km vom bekannten Sandstrand Fontanamare und 5 km vom Ort Iglesias entfernt (Südwesten Sardiniens). Ideal für Strand-, Natur- u. Kultururlaub. Einzigartige Landschaft, Tropfsteinhöhlen und weitere historische Ortschaften.

Fewo (220 m²; 7 Zi., 10 - 12 Pers.)
bis 10 Pers. Ü 1.200 - 2.500 € / Woche

Villa Garlenda

I-17033 Garlenda (SA, Ligurien)
Tel. 0049-89-12392998, Fax 0049-89-32450816
es@toscana-forum.de, www.toscana-forum.de/urlaub-mit-hund.html

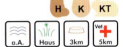

Ausstattung: UG/EG/DG: 2 DU, 2 Bäder, 2 WC. 2 KÜ, Stein-/elektr. Backofen, Spül-/Waschm. Sat-TV, WLAN. Klavier. Terrassen. Gartenmöbel, Pool, Barbecue, 4 Mountainbikes, Scooter.
Tiere: Max. 3 Hunde/Katzen; kostenlos. Kleintiere a.A. Tiere dürfen sich generell frei bewegen. Eingezäunter Garten / Hof 1.000 m². Zaunhöhe: 1,20 m und mehr.
Beschreibung: Exclusive Villa im Herzen Liguriens im mittelalterlichen "Borgo Castelli", 6 km von den Stränden der sog. "italienischen Riviera" entfernt. Wandern, Reiten, Golf, Boccia.

Villa (190 m²; 6 Zi., 4 - 10 Pers.)
4 - 8 Pers. Ü 1.000 - 2.600 € / Woche

Öko-Landresidenz Scandicci

I-50018 Scandicci (Pi)
Tel. 0049-89-12392998, Fax 0049-89-32450816
es@toscana-forum.de, www.toscana-forum.de/urlaub-mit-hund.html

Ausstattung: DU, Bad, WC. KÜ, Spül-/Waschm., Backofen. ADSL, WLAN, SAT-TV, DVD. Gefl. Böden, Klimaanl./Heizung. Frühstückssaal, Terrassen, Loggia, Garten-/-möbel, Barbecue, Pool, Teich.
Tiere: Max. je 1 Hund/Katze; kostenlos. Kleintiere a.A. Tiere dürfen sich generell frei bewegen. Grundstück: 5000 m² Wiese und 35.000 m² Wald.
Beschreibung: Landresidenz auf Hügeln nahe der Stadt Florenz (7 km) nach ökologischen Kriterien der Bio-Architektur erbaut. 2008 ausgezeichnet mit dem Preis "Toscana ecoefficiente".

13 Loft-Fewo (35 m²; 1 Zi., 2 - 4 Pers.)	F
2 - 4 Pers. Ü 56 - 150 € / Tag	a.A.

Casa Baccelli

Via Santo Stefano 106, I-50050 Montaione (FI)
Toskana Spezial, Tel. 0039-0583-393693, Fax 0049-321-21232992
hund@toskanaspezial.de, www.toskanaspezial.de

Ausstattung: DU, WC, Waschmaschine (allgem. Nutzung). KÜ, Spülmaschine. TV. Glatte Böden. Kostenlose Parkplätze. Jeden Morgen kommt ein "fahrender Bäcker" mit Brötchen.
Tiere: Hunde kostenlos. Tiere dürfen sich frei bewegen.
Kinder: Garten mit Pool.
Beschreibung: Herrliche Panoramalage. 5 km von Montaione entfernt. Unterhalb der Anlage ist eine Fasanenzucht.

6 Fewo (3 x 4 Pers., 2 x 6 Pers., 1 x 8 Pers.)	Heizkosten
4 - 8 Pers. Ü 416 - 1110 € / Woche	pauschal

Casa Carbonaia

Via S. Lucia 11, I-50059 Vinci (FI)
Toskana Spezial, Tel. 0039-0583-393693, Fax 0049-321-21232992
hund@toskanaspezial.de, www.toskanaspezial.de

Ausstattung: DU, WC, Waschmaschine (allgem. Nutzung). KÜ, Mikrowelle. TV, Telefon. Glatte Böden. Kostenlose Parkplätze.
Tiere: Hunde je 25 € pauschal. Tiere dürfen sich frei bewegen. Bademöglichkeit für Hunde: Quellwasserteich. Tiere vor Ort: Golden Retriever Rüde „Truck".
Kinder: Weitläufige Gartenanlage mit Pool.
Beschreibung: Panoramalage ca. 35 km westlich von Florenz.

7 Fewo (1 x 3 Pers., 1 x 4 Pers., 3 x 5 Pers., 2 x 6 Pers.)	Heizkosten
3 - 6 Pers. Ü 444 - 1199 € / Woche	nach Verbrauch

Landvilla Londa 1

I-50060 Londa (Fi)
Tel. 0049-89-12392998, Fax 0049-89-32450816
es@toscana-forum.de, www.toscana-forum.de/urlaub-mit-hund.html

Ausstattung: DU, WC. EG: Wohnküche mit Kamin, Spül-/Waschmaschine. Sat-TV. Wohnraum mit Kamin. 1. Stock: DU, WC. 1 Wohnraum mit Kamin, 4 SZ. Garten, Hof mit Gartenmöbeln und Barbecue, Swimmingpool (unbeheizt), Parkplatz.
Tiere: Max. 3 Hunde/Katzen; kostenlos. Kleintiere a.A. Tiere dürfen sich generell frei bewegen. Eingezäunter Garten. Zaunhöhe: 1,20 m. Weitere 200 ha Wiese, Felder, Wald.
Beschreibung: Idyllisch gelegene Landvilla mit 3 Holzkaminen vergeben den Räumen das warme toskanische Flair der Landhäuser. Blick auf das grüne Mugello-Tal. Florenz 38 km.

1 Landvilla (240 m²; 7 Zi., 8 - 10 Pers.)
bis 8 Pers. Ü 1.125 - 1.875 € / Woche

Landhaus Londa 2

I-50060 Londa (Fi)
Tel. 0049-89-12392998, Fax 0049-89-32450816
es@toscana-forum.de, www.toscana-forum.de/urlaub-mit-hund.html

Ausstattung: DU, WC. KÜ, Spülmaschine. Sat-TV. 3 Schlafzimmer (1 Doppel-, 1 Einzelbett). Wiese mit Gartenmöbeln. Pool am Haupthaus Landgut Londa 3 in 2,5 km Entfernung.
Tiere: Max. 3 Hunde/Katzen; kostenlos. Kleintiere a.A. Tiere dürfen sich generell frei bewegen. 200 ha Wiese, Felder und Wald zum Wandern, nicht eingezäunt.
Beschreibung: Landhaus, umgeben von Kastanienbäumen auf großzügigen Landgut in Panoramalage zw. Florenz (38 km entfernt) und den Appennini-Bergen.

1 FH (80 m²; 4 Zi., bis 6 Pers.)
bis 5 Pers. Ü 390 - 650 € / Woche

Landgut Londa 3

I-50060 Londa (Fi)
Tel. 0049-89-12392998, Fax 0049-89-32450816
es@toscana-forum.de, www.toscana-forum.de/urlaub-mit-hund.html

Ausstattung: FH: 1 Loft-Fewo (2 Zi.), 1 Fewo (3 Zi.), 2 FeWos (4 Zi), 1 separates Häuschen (2 Zi.): DU, Bad, Waschm., WC. KÜ, Sat-TV. Gefliesste Böden, Heizung, Kamine, Terrassen, Pool mit Terrasse, Gartenmöbel, Barbecue.
Tiere: Max. je 2 Hunde/Katzen ohne Aufpreis. Kleintiere a.A. Tiere dürfen sich generell frei bewegen. Grundstück 200 ha. Vor Ort: Hoftiere
Beschreibung: Restaurierte Villa, 1600 als Residenz von florentinischer Adelsfamilie erbaut. Aussicht auf Mugello-Tal, Berg Falterona. Mountainbiking, Wintersport, Florenz (35 km).

5 Fewo (70 - 100 m²; 2 - 4 Zi., 2 - 7 Pers.)
bis 2 - 4 Pers. Ü 300 - 700 € / Woche

Fattoria Pieve a Salti

Std. Prov.le di Pieve a Salti, I-53022 Buonconvento (SI)
Toskana Spezial, Tel. 0039-0583-393693, Fax 0049-321-21232992
hund@toskanaspezial.de, www.toskanaspezial.de

Ausstattung: Hotel: DU, WC. TV, Tel. Glatte Böden. Rest., Bar, Pool. Fewo: DU, WC. KÜ. Wellness- und Fitnessbereich.
Tiere: Pferde a.A.; Hunde je 5 €/Tag. Tiere angeleint im Hausbereich. Kein Zutritt zu Frühstücksraum und Restaurant. Tiere vor Ort: Hunde, Pferde.
Beschreibung: Herstellung biologischer Produkte. Viel Natur, Wandermöglichkeit. Restaurant mit typisch toskanischer Küche.

27 DZ	8 Fewo (je 2 - 4 Pers.)	HP
ÜF 100 - 112 €	ÜF 390 - 700 € / Woche	20 €

Tenuta Gaetano Spadaro

Via dei Pieroni 76, I-55010 Gragnano (LU)
Toskana Spezial, Tel. 0039-0583-393693, Fax 0049-321-21232992
hund@toskanaspezial.de, www.toskanaspezial.de

Ausstattung: DU od. Bad, WC. KÜ. TV. Gl. Böden. Kostenl. Parkpl.
Tiere: Hunde je 20 € pauschal. Tiere dürfen sich frei bewegen. Kein Zutritt zum Restaurant.
Kinder: Garten mit Pool.
Beschreibung: Panoramalage in der sanften lucchesischen Hügellandschaft, ca. 12 km von Lucca entfernt. Olivenölherstellung. Bild rechts: Ferienhaus mit eigenem Garten.

1 FH (bis 6 Pers.)	4 Fewo (2 - 4 Pers.)	Heizung
2 - 6 Pers. Ü 450 - 890 € / Woche		nach Verbrauch

Fattoria Maionchi

Localita Tofori, I-55012 Camigliano (LU)
Toskana Spezial, Tel. 0039-0583-393693, Fax 0049-321-21232992
hund@toskanaspezial.de, www.toskanaspezial.de

Ausstattung: DU, WC. KÜ. TV. Glatte Böden. Kostenl. Parkplätze.
Tiere: Hunde kostenlos. Tiere dürfen sich frei bewegen. Kein Zutritt zum Rest., Rest.-Terrasse erlaubt. Tiere vor Ort: Katzen, Hühner.
Kinder: Garten mit Pool.
Beschreibung: Alteingesessenes Weingut an der lucchesischen Weinstraße, 15 km von Lucca entfernt. Restaurant vorhanden (3 x pro Woche offen), Weinprobe möglich.

8 Fewo (2 - 6 Pers.)	Heizung
2 - 5 Pers. Ü 350 - 990 € / Woche	nach Verbrauch

Villa Lucca

I-55100 S. Macario (LU)
Tel. 0049-89-12392998, Fax 0049-89-32450816
es@toscana-forum.de, www.toscana-forum.de/urlaub-mit-hund.html

Ausstattung: DU, Bad, WC. KÜ, Spül-/Waschm., Mikrow., Backofen. SAT-TV, HI-FI, DVD. Kamin, 4 SZ, gefl. Böden, Heizung, Kamin, Barbecue, Gartenmöbel. Kostenl. Parkplätze.
Tiere: Max. 2 Hunden/Katzen; kostenlos. Kleintiere a.A. 800 m² eingezäuntes Grundstück. Zaunhöhe: 1,20 m. Gr. Olivenhain, Wald zum Wandern uneingezäunt.
Beschreibung: Gelegen auf der herrlichen Hügellandschaft um die Stadt Lucca, von alten Olivenbäumen umgeben, mit traumhaften Garten im italienischen Stil. Elegante Innen-Einrichtung mit Antiquitäten und Fresken. Lucca (6 km), Meer (15 km), Pisa (20 km).

Villa (160 m²; 6 Zi., bis 8 Pers.)
bis 8 Pers. Ü 831 - 1.475 € / Woche

Burg Chianti 3

I-56013 Gaiole in Chianti (SI)
Tel. 0049-89-12392998, Fax 0049-89-32450816
es@toscana-forum.de, www.toscana-forum.de/urlaub-mit-hund.html

Ausstattung: DU, Bad, WC. KÜ. Sat-TV, DSL-WLAN. Gl. Böden, Heizung, z.T. mit Terrasse, Pool, Kamin, Garten-/möbel, Barbecue. Spielraum, Frühstückssaal, Weinkellerien, Weinproben.
Tiere: Max. je 1 Hund/Katze; kostenlos. Kleintiere a.A. Tiere dürfen sich generell frei bewegen. Grundstück ca. 200 ha.
Beschreibung: Pittoreske Burg mitten in einem Weingut im Herzen des Chianti Classico umumrahmt von wunderschönen Weinbergen. Tauchen Sie ein in "die Tiefen" des toskanischen Weinanbaus/Produktion. 28 km nach Siena. Kochkurse, Reiten, Radverleih.

7 Fewo (40 - 70 m²; 1 - 3 Zi., 2 - 6 Pers.)
2 - 6 Pers. Ü 490 - 910 € / Woche

Ferienhaus In Toscana di Santoni Elisa

V. Poggiarelli, 9, I-56030 Terricciola (Pi)
Tel. 0049-89-12392998, Fax 0049-89-32450816
es@in-toscana.de, www.urlaubtoscana.de

Ausstattung: FH: 3 Fewos (2 Zi.) u. 2 Fewos (3 Zi.): DU, Bad, Waschm., WC. KÜ, Geschirrsp., SAT-TV. Gl. Böden, Heizung, Balkon/Terrasse, Pool, Gartenmöbel, Barbecue.
Tiere: Max. je 2 Hunde/Katzen; 30 €/Woche/Haustier. Kleintiere a.A. Tiere dürfen sich generell frei bewegen. 6000 m² eingezäuntes Grundstück. Zaunhöhe: 1,20 m. Vor Ort: 1 Hund.
Kinder: Tischtennisplatte, Schaukel, kleine Rutsche
Beschreibung: FH mit 5 Komfortwohnungen im Toskana-Stil u. Panorama-Lage. Mittelalterliches Dorf Terricola (7 min) im etrusk. Chianti Gebiet, zw. Pisa u. Volterra. Zum Meer 40 km.

5 Fewo (35 - 80 m²; 1 - 3 Zi., 2 - 6 Pers.)
bis 2 - 6 Pers. Ü 355 - 990 € / Woche

Landgut Terricciola

I-56030 Terricciola (Pi)
Tel. 0049-89-12392998, Fax 0049-89-32450816
www.toscana-forum.de/details_landgut_terricciola.html

Ausstattung: DU, Bad, WC. KÜ, Waschm., Geschirrsp., Tel., SAT-TV, Stereoanl., Internet. Gefl. Böden, Heizung, Klimaanlage, Terrassen, Garten-/möbel, Pool, Barbecue, Kellereien.
Tiere: Max. je 2 Hunde/Katzen; je 40 €/Woche. Kleintiere a.A. Tiere dürfen sich generell frei bewegen. Grundstück hat mehrere ha.
Beschreibung: Ruhige, restaurierte, gepflegte Landresidenz mit Herrenhaus, Nebenhäusern und Kellereien in herrlicher Panoramalage auf dem höchsten Punkt des Hügels, ausgestattet mit modernem Komfort. Volterra (22 km), Pisa (38 km) und Chianni in der Nähe. Golf, Tennis.

11 Fewo (35 - 160 m²; 1 - 5 Zi., 2 - 9 Pers.)
2 - 9 Pers. Ü 450 - 2.100 € / Woche

Ferienhaus Terricciola 4

I-56030 Terricciola (Pi)
Tel. 0049-89-12392998, Fax 0049-89-32450816
es@toscana-forum.de, www.toscana-forum.de/urlaub-mit-hund.html

Ausstattung: FH: 3 Fewo (2 Zi.) u. 2 Fewo (3 Zi.): DU, Bad, Waschm., WC. KÜ, SAT-TV. Gl. Böden, Heizung, z. T. mit Terrasse, Schwimmbad (unbeheizt), Gartenmöbel, Barbecue.
Tiere: Max. je 1 Hund/Katze; kostenlos. Kleintiere a.A. Tiere dürfen sich generell frei bewegen. 4000 m² eingezäuntes Grundstück. Zaunhöhe: ca. 1,20 m.
Beschreibung: In einem alten toskanischen Bauern-Gut aus dem 18. Jh., zw. Pisa u. Volterra im Naturpark "Parco Alta Valdera", in absoluter Ruhe, an alte Zeiten erinnernd.

5 Fewo (40 - 70 m²; 2 - 3 Zi., 2 - 6 Pers.)
2 - 6 Pers. Ü 400 - 890 € / Woche

Landhaus Chianni 4

I-56034 Chianni (Pi)
Tel. 0049-89-12392998, Fax 0049-89-32450816
es@toscana-forum.de, www.toscana-forum.de/urlaub-mit-hund.html

Ausstattung: DU, Bad, Waschm., WC. KÜ. Sat-TV, Klimaanlage, Kamin, Heizung, Terrasse, Garten, Grill, Gartenmöbel. Solarbeheizter Pool.
Tiere: Max. 3 Hunden/Katzen ohne Aufpreis. Kleintiere a.A. Tiere dürfen sich generell frei bewegen. Eingezäunter privater Garten. Zaunhöhe: 1,20 m. Gemeinschaftsgarten eingezäunt.
Kinder: privater Fussballplatz, Tischtennisplatte, Kickertisch
Beschreibung: Steinhäuschen zur Alleinnutzung mit Garten und überdachter Terrasse in panoramischer, ruhiger Lage mitten auf dem toskanischen Land. Dorf Chianni 8 km.

FH (70 m²; 3 ½ Zi., 2 - 6 Pers.)
bis 6 Pers. 580 - 950 € / Woche

Ferienhaus Palaia 3

I-56036 Palaia (Pi)
Tel. 0049-89-12392998, Fax 0049-89-32450816
es@toscana-forum.de, www.toscana-forum.de/urlaub-mit-hund.html

Ausstattung: 2 DU, WC. KÜ, Geschirrsp./Waschm., Backofen. Sat-TV. Balkon, gefl. Böden, Heizung, Barbecue, Gartenmöbel, Pool mit Sonnenterrasse, 1 ha Garten und Wiese.
Tiere: Max. 3 Hunde/Katzen; einmalig je 30 € / Tier. Kleintiere a.A. Tiere dürfen sich frei bewegen. 1500 m² eingezäuntes Grundstück. Zaunhöhe: 1 m. Wiese, Wald zum Wandern.
Beschreibung: An der Flanke des Hügels erbaut, in einer hübschen mittelalterlichen Burg zwischen Pisa und Volterra gelegen. Wandern, Tennis, Reiten, Golf.

FH (80 m²; 5 Zi., 2 SZ, 4 - 6 Pers.)
bis 6 Pers. Ü 930 - 1.370 € / Woche

Landvilla Guardistallo

I-56040 Montecatini Val di Cecina (Pi)
Tel. 0049-89-12392998, Fax 0049-89-32450816
www.toscana-forum.de/details_landvilla_guardistallo.html

Ausstattung: DU, WC, Waschm., KÜ. TV. Kamin, Billiardraum, 2 SZ (je 3 Pers.). Gl Böden, Heizung, Barbecue, Gartenmöbel, Pool (6x15) mit Loggia, Außendusche, Umkleidekabine.
Tiere: Max. 3 Hunde/Katzen; kostenlos. Kleintiere a.A. 3000 m² eingezäuntes Grundstück. Zaunhöhe: 1,20 m. Weitere 2 ha Wiese/Wald zum Wandern uneingezäunt.
Beschreibung: Charakteristische, restaurierte Mühle (180 m²), die in eine gemütliche Landvilla mit Garten und Pool verwandelt worden ist, im Hinterland der toskanischen Küste.

Landvilla (180 m²; 5 Zi., 4 - 6 Pers.)
bis 6 Pers. Ü 1.200 - 2.200 € / Woche

Hotel Val di Cecina ★★★★

I-56040 Montecatini Val di Cecina (Pi)
Tel. 0049-89-12392998, Fax 0049-89-32450816
www.toscana-forum.de/details_hotel_valdicecina.html

Ausstattung: DU, WC. Tel., Sat-TV. Klimaanlage, Minibar, Safe, z.T. Balkon. Bar, Rest., Weinlokal. Pool, Fitness, Sauna, Solarium, Massagen. Konferenzräume (bis 250 Pers.), Fahrradverleih, Kochkurse, "Summer bar" mit Live-Musik, Tennisplatz.
Tiere: Max. 1 Hund/1 Katze; je 11 €/Tag. Kleintiere a.A. Angeleint im Hausbereich.
Kinder: Kinderbecken, Kinderspielplatz, Baby-Sitting
Beschreibung: Auf einem Hügel im südl. Teil der Provinz Pisa gelegen. Volterra (20 km), San Gimignano, Pisa (60 km) u. die herrlichen Sandstrände der sog. Costa degli Etruschi (20 km).

97 DZ (20 - 25 m²; 2 - 4 Pers.)	VP
2 Pers. ÜF 118 - 178 €	20 €

Residenz Campiglia 1

-57021 Campiglia Marittima (LI)
Tel. 0049-89-12392998, Fax 0049-89-32450816
es@toscana-forum.de, www.toscana-forum.de/urlaub-mit-hund.html

Ausstattung: DU, Bad, Waschm., WC. KÜ. Tel., SAT-TV, DSL WLAN. Gefl. Böden, Heizung, Klima-/Alarmanlage, Safe, Garten/Terrasse/-möbel, Barbecue, Pool, Whirlpool, Frühstück a.A. Hauseig. Rest. (800 m). Tischtennis, Golf, Naturpark Val di Cornia.
Tiere: Max. je 1 Hund/Katze; je 10 €/Tag. Tiere dürfen sich frei bewegen. Großes Grundstück.
Behind. Einr.: 2 rollstuhlgerechte Fewo
Beschreibung: Unweit der Etruskerküste (7 km), eingebettet in d. Hügellandschaft d. südl. Toskana (Provinz Livorno). Ruhige Lage, mitten im Grünen u. gleichzeitig Nähe zum Meer.

8 Fewo (39 - 64 m²; 2 Zi., 2 - 6 Pers.)
bis 2 - 4 Pers. Ü 350 - 1.200 € / Woche

ITALIEN

Poggio al Turco ★★★

Via Montioni 205, I-57028 Suvereto (Li)
Paul Reiterer, Tel. 0039-0565-845022, Fax: 0039-0565-845022
info@poggio-al-turco.it, www.poggio-al-turco.it

Ausstattung: DU, WC, Waschmaschine. KÜ, Backofen. TV. Glatte Böden. Zimmer alle mit Balkon/Terrasse. NRW vorh.
Tiere: Hund 10 €/Tag, max. 2 Katzen; 5 €/Tag. Kleiner Vorrat an Hunde-/Katzenfutter. Hundezwinger vorhanden. Golfen mit Hund in der Nähe. Tiere vor Ort: Hunde, Katzen
Kinder: Baumhaus, Rutsche, Sandkasten, Hängematte
Behinderten-Einr.: 1 Fewo für 1-3 Pers.
Beschreibung: Etruskische Gräber, verschiedene Naturparks, Thermalbäder. Radfahren. Historische Städte wie Pisa, Florenz, Volterra, San Gimiguano, Siena

1 FH / 2 FeWo / 4 App. (2 - 8 Pers.)	Energie
2 - 3 Pers. Ü 45 - 70 € / weit. Pers. 10 €	nach Verbrauch

Fattoria la Principina ★★★★

Via delle Collacchie 465, I-58046 Principina Terra (GR)
Toskana Spezial, Tel. 0039-0583-393693, Fax 0049-321-21232992
hund@toskanaspezial.de, www.toskanaspezial.de

Ausstattung: Hotel: DU o. Bad, WC, TV, Tel. Minibar. Glatte Böden. Restaurant, Bar, Pool, Wellness- und Fitnessbereich.
Tiere: Hunde je 70 €/Woche. Tiere angeleint im Hausbereich. Kein Zutritt zu Frühstücksraum/ Restaurant. Tiere vor Ort: Pfauen, Strauße, Pferde (Reitstall).
Beschreibung: Weitläufige Anlage mit Hotel und FeWos in div. Kategorien. Bester Hundestrand der Toskana in der Nähe.

136 DZ	123 Fewo (2-10 Pers.)	HP / VP
ÜF 100 - 200 €	a.A.	25 € / 50 €

Geh in den Garten und höre auf die Stille
zwischen den Geräuschen:
Dies ist die wahre Musik der Natur.

japanische Weisheit

Agriturismo Paganico

I-58048 Paganico (Gr)
Tel. 0049-89-12392998, Fax 0049-89-32450816
es@toscana-forum.de, www.toscana-forum.de/urlaub-mit-hund.html

Ausstattung: DU, Bad, Waschm., Spülm.,WC. KÜ, SAT-TV, Internet-Point. Gefl. Böden, Heizung, Terrasse, Pool, Gartenmöbel, Barbecue, Bewirtung a. A., Fahrräder, Bio-Laden/-garten.
Tiere: Max. je 1 Hund/Katze; kostenlos. Kleintiere a.A. Tiere dürfen sich generell frei bewegen. Grundstück ca. 200 ha.
Kinder: Trimm-Dich-Pfad, Spielplatz, Tischtennisplatte
Beschreibung: Renoviertes, altes Bauernhaus im Herzen der Maremma Toscana nahe der mittelalterl. Burg v. Paganico. Grosseto (25 km), Siena (45 km). Reich an Kunst, Kultur.

5 Fewo (40 - 150 m²; 2 - 6 Zi., 2 -11 Pers.)
2 - 11 Pers. Ü 410 - 1.700 € / Woche

Fattoria San Lorenzo

Via Aurelia Antica, I-58100 Grosseto
Toskana Spezial, Tel. 0039-0583-393693, Fax 0049-321-21232992
hund@toskanaspezial.de, www.toskanaspezial.de

Ausstattung: DU, WC, Waschmaschine (allgem. Nutzung). KÜ. TV, Tel. Glatte Böden. Brötchenservice. Garten mit 3 Pools.
Tiere: Hunde; je 40 € pauschal. Tiere dürfen sich frei bewegen. Kein Zutritt zu Frühstücksraum und Restaurant.
Beschreibung: FeWos verteilt auf 3 Komplexe mit jeweils eigenem Pool. Bester Hundestrand der Toskana in der Nähe.

43 Fewo (2 - 6 Pers., 1 - 3 Schlafzi.)	
2 - 6 Pers. Ü 450 - 2050 € / Woche	Heizung
	nach Verbrauch

Ca Agostino B&B

Ca Agostino 12, **I-61028 Sassocorvaro**
Peter Jörg, Tel. 0039-0722769280
info@ca-agostino.de, www.ca-agostino.de

Ausstattung: DU, WC. WLAN. Korkfussböden. NRZ vorh. Großzügiges Frühstück auf der Terrasse. Mediterrane Gourmetküche. Kostenlose Ausleihe von Mountain-Bikes. Italienisch-Sprachkurs Intensiv. Geführte Exkursionen, Färbekurse.
Tiere: Max. 3 Hunde/3 Katzen; kostenlos. Decke, Näpfe, Katzentoilette. Tiere dürfen sich frei bewegen. 2000 m² eingezäuntes Grundstück. Zaunhöhe 1,80 m. Vor Ort: Hund, Katzen
Beschreibung: Ruhige, aussichtsreiche Lage in schöner Hügellandschaft zwischen Adria und Apennin. Angenehme Wandergegend, viele mittelalterliche Städtchen, Weltkulturerbe Urbino.

DZ als EZ	2 DZ	1 MB	HP
ÜF 35 - 52 €	ÜF 39 - 56 €	60 - 70 € / pro Zi.	20 €

Ferienhaus Porto Palo 1

I-92013 Menfi (AG)
Tel. 0049-89-12392998, Fax 0049-89-32450816
es@toscana-forum.de, www.sizilien-forum.de

Ausstattung: DU, Waschm., WC. KÜ. Backofen. Sat-TV. Klimaanlage, Heizung SZ. Terrasse mit gr. Steintisch, Liegestühle, Barbecue. Wandern, Wassersport, Terme Acqua Pia (26 km).
Tiere: Max. 1 Hund/1 Katze; 30 € pro Woche. Kleintiere a.A. Tiere dürfen sich generell frei bewegen. Aussenbereich / gefliesster Hof eingezäunt. Zaunhöhe: 1,40 m.
Beschreibung: Rundes familienfreundl. Haus 100 m von e. naturbelassenen Sandstrand zw. Lido Fiori u. Porto Palo (mit antikem Fischerhafen) an der Südwest-Küste Siziliens - abseits der Touristenströme, ein Geheimtipp! Ausgezeichnete Strand-/u. Wasserqualität!

FH (60 m²; 3 Zi., 2 -6 Pers.)
bis 4 Pers. Ü 380 - 800 € / Woche

Ferienhaus Noto 1

I-96017 Noto (SR)
Tel. 0049-89-12392998, Fax 0049-89-32450816
es@toscana-forum.de, www.sizilien-forum.de

Ausstattung: 2 DU, Waschm., WC. KÜ, Mikrow., Backofen. Sat-TV, Radio, DVD. 3 SZ. Klimaanlage mit Heizfkt. 2 große Terrassen, Grill, Gartenmöbel, Außendusche, Garten
Tiere: Max. je 2 Hunde/Katze; ohne Aufpreis. Kleintiere a.A. Tiere dürfen sich generell frei bewegen. 450 m² eingezäunter Garten. Zaunhöhe ca. 1,20 m.
Beschreibung: Unter Zitronenbäumen im Südosten der Insel gelegen - mit Meerblick. 300 m vom feinen Strand bei Lido di Noto entfernt. Noto (6,5 km entfernt) - ein barockes Prunkstück für Kunst- und Kulturliebhaber, das die Unesco zum Weltkulturerbe erklärt hat.

FH (110 m²; 5 Zi., 2 - 6 Pers.)
2 - 6 Pers. Ü 430 - 1.230 € / Woche

ITALIEN

Ferienhaus Noto 2

I-96017 Noto (SR)
Tel. 0049-89-12392998, Fax 0049-89-32450816
es@toscana-forum.de, www.sizilien-forum.de

Ausstattung: 2 DU, Waschm., 2 WC. KÜ, Mikrow., Backofen. Sat-TV, Radio, DVD-Player. Klimanlage mit Heizfunktion, 2 SZ. Holzofen, 2 Terrassen, Terrassenmöbel, Grill.
Tiere: Max. je 2 Hunde/Katze; ohne Aufpreis. Kleintiere a.A. Tiere dürfen sich generell frei bewegen. 1.500 m² eingezäunter Garten. Zaunhöhe 1,20 m.
Beschreibung: Inmitten eines Gartens mit Zitronenbäumen, in Strandnähe (300 m) und nahe Noto - der Barockstadt (6,5 km) im Südosten Siziliens gelegen. Wandern im Naturpark Oasi Vendicari in unberührter Küstenlandschaft. Einblick in Olivenernte und Ölproduktion.

FH (80 m²; 4 Zi., 2 - 6 Pers.)
2 - 6 Pers. Ü 430 - 1.230 € / Woche

Unterkünfte in Tschechien

Allgemeine und Informationen zur Einreise mit Hunden / Katzen

Tschechische Zentrale für Tourismus - Vertretung Deutschland
Friedrichstr. 206
10969 Berlin

Tel. 030 - 20 44 770
Fax 030 - 20 44 770

info1-de@czechtourism.com
www.czechtourism.com

Leinen- und Maulkorbpflicht werden von Gemeinden bzw. Städten in Ortsverordnungen geregelt.

Änderungen und spezielle Bestimmungen für die Einreise mit anderen Tieren erfahren Sie bei der zuständigen Botschaft oder dem Amtstierarzt.

Hunters Lodge

Viten 26/Strazov na Sumava, CZ-34021 Janovice n.Ú.
Fam. Neuteboom, Tel. 00420-376-382421, mobil 00420-602-394496
info@camping-tsjechie.nl, www.vakantiewoning-tsjechie.eu

Ausstattung: DU, WC. KÜ, Mikrowelle. Radio. 2 SZ, Glatte Böden/Teppichböden. Heizung, Holzkamin, Nichtraucherhaus, Garten, Swimmingpool. Kostenlose Parkplätze am Haus.
Tiere: Max. 2 Hunde/2 Katzen; kostenlos. Ab 3 Tiere 12,50 €/Woche. Kleintiere kostenlos. Eingezäuntes Grundstück. Tiere dürfen sich frei bewegen.
Beschreibung: Kl. Bauernhof am Rande des Šumava Nationalparks im Böhmerwald, dem ältesten Naturschutzgebiet Tschechiens mit vielen Flüssen, Seen u. Schlössern. Wandern, Wintersport. 15 km südlich von Klatow. Český Krumlov in der Nähe.

1 FH (bis 6 Pers.)	Energie	Endr.
bis 4 Pers. Ü 295 - 425 € / weit. Pers. 15 € / Woche	nach Verbrauch	50 €

Camp U dvou Orechu

Splz 13/Strazov, CZ-34021 Janovice n.Ú
Fam. Neuteboom, Tel. 00420-376-382421, mobil 00420-602-394496
info@camping-tsjechie.nl, www.camping-tsjechie.nl

Ausstattung: DU, WC. WiFi-Netzwerk. Bar mit Terrasse u. Internetzugang. Große Stellplätze, Lagerfeuerplatz, Brötchenservice. Im Angebot: Gastfreundschaft und einzigartige Aussicht.

Tiere: Hunde je 1 €/Tag. Katzen, Kleintiere kostenlos. Tiere angeleint.

Beschreibung: Campingplatz am Rande des Böhmerwaldes. Ausgangspunkt für Wanderungen durch den einzigartigen Nationalpark. Radfahren, Wandern, Reiten, Tennis. Flüsse, Seen, Schlösser, Burgen. Klatovy, Domazlice und Pilzen.

Stellplatz (2 Pers., Zelt, Wohnwagen, Auto)
bis 2 Pers. Ü 15 – 18 € / weit. Pers. 3,50 €

Pension Všeruby

Všeruby u Kdyně 37, CZ-34507 Všeruby
Zdeňka a Milan Hrkalovi, Tel./Fax: 00420-379-779 086
pensionvseruby@cbox.cz, www.vseruby.eu

Ausstattung: Bad, WC. KÜ. Sat-TV. Minibar. Teppichböden. Rest.: böhmische, intern. Küche. HP/Abendessen: 3-Gang-Menü. Whirlpool, Sauna, Solarium, Massagen a.A., Tischtennis, Billiard, Tennis (300 m). Kostenlose Parkplätze am Haus.

Tiere: Max. 2 Hunde/Kleintiere; je 4 €/Tag. Angeleint im Restaurant. Reitschule 10 km entfernt.

Beschreibung: Pension im Böhmerwald (Šumava) nahe der deutschen Grenze. Ideale Bedingungen für Sommer- u. Wintersport. Rad-u. Wanderwege, Golf (8 km), Baden, Tauchen.

7 EZ (=DZ)	7 DZ	1 App. (bis 4 Pers.)	HP
ÜF 22 €	ÜF 39,20 €	bis 2 Pers. ÜF 44,80 € / weit. Pers. a.A.	5,60 €

Zum kleinen Schnauzer

Poděbradova 2854, CZ - 35201 Aš
Michael Maier, Tel. 00420-3596047, 0049-177-5913831
kleinerschnauzer@web, www.mit-dem-hund-in-den-urlaub.de

Ausstattung: DU, WC. TV. Teppichboden. Teilw. Balkon. NRZ vorh. Kostenlose Parkplätze.
Tiere: Max. 3 Hunde 2€/Tag. Körbchen, Näpfe, Hundetoilettenbeutel vorhanden. Tiere dürfen sich frei bewegen. Angeleint im Hausbereich/Frühstücksraum erlaubt. Eingezäuntes Grundstück. 2000 m². Zaunhöhe: 1,80 m. Tiere vor Ort: zwei Hunde
Beschreibung: Hundefreundliche, kleine Familienpension direkt am Waldrand nahe des Naturreservates im Ascher Gebiet. Ideal zum Wandern und für Ausflüge ins böhmische Bäderdreieck (Franzensbad 15 km).

4 DZ
ÜF 34 - 36 €

TSCHECHIEN

Klenovská hájovna / "Das JAGDHAUS" ★ ★ ★ ★

Velky Ratmirov c.p.62 / Studnice, CZ-37701 Jindřichův Hradec
Herr Burgschwaiger, Tel. 00420-384364382
office@wellness-pension.cz, www.wellness-pension.cz

Ausstattung: DU, Bad, WC. Telefon, Radio, TV, WLAN. Glatte Böden. Safe. NRZ. Keller-Bar, Restaurant: tschechische Spezialitäten, Spitzenweine und böhmisches Bier.
Wellness: Dänische Holzofensauna, Whirlpool, Solarium, Massagen. Tagungen/Seminare/ Familienfeiern. 20 000 m² Grundstücksfläche. Reiten, Wandern, Jagd, Angeln, Radfahren.
Tiere: Max. 2 Hunde / 6,50 €/Tag/Hund; Katzen kostenlos. Körbchen, Decke, Näpfe. Tiere dürfen sich frei bewegen. Angeleint im Hausbereich und Restaurant. Hundetoiletten und Hundetoilettenbeutel. Hundebademöglichkeit im eigenen See. Golfen mit Hund (angeleint) in Nova Bystrice. Tiere vor Ort: Haushund Asta
Kinder: Kinderspielplatz
Beschreibung: Unser nach westlichem Standard renoviertes Jagdhaus/Pension stammt aus dem 17. Jahrhundert, wurde schon von kaiserlichen Jagdgesellschaften genützt und gehörte seinerzeit zum Besitz des Grafen Czernin. Unsere Gäste genießen größten Komfort und viele architektonische Kostbarkeiten in unmittelbarer Nähe, deren Ursprünge bis ins 13. Jahrhundert zurückreichen. Deutschsprachige Mitarbeiter bemühen sich um Ihr leibliches und seelisches Wohl. Lernen Sie die bekannte gute böhmische Küche kennen! Sie werden begeistert sein!

1 EZ	7 DZ	4 MB	HP
ÜF 44 €	ÜF 58 €	a. A.	14 €

TSCHECHIEN

Unterkünfte in Ungarn

Allgemeine und Informationen zur Einreise mit Hunden / Katzen

Ungarisches Tourismusamt
Deutschlanddirektion
Wilhelmstr. 61
10117 Berlin

Tel. 030 - 24 31 460
Fax 030 - 24 31 4613

berlin@ungarn-tourismus.de
www.ungarn-tourismus.de

Auf öffentlich zugänglichen Plätzen besteht Leinenzwang, in öffentlichen
Verkehrsmitteln auch Maulkorbpflicht. So genannte Kampfhunde (Bullterrier, Pitbull,
Amerikanischer Staffordshire-Terrier, Staffordshire-Bullterrier, Bullmastif, Tosa-Inu,
Argentinische Dogge, Bordeaux-Dogge, Fila Brasiliero und Bandog, sowie Mischlinge
der oben aufgeführten Rassen) dürfen nicht eingeführt werden.

Änderungen und spezielle Bestimmungen für die Einreise mit anderen Tieren erfahren
Sie bei der zuständigen Botschaft oder dem Amtstierarzt.

Ferienhaus Waldhof

Öreghegy 32, *H-7228 Döbrököz*
Christoph Müller & Gudrun Waschgler, 0049-(0)176-96711975
info@waldhof-ungarnurlaub.de, www.waldhof-ungarnurlaub.de

Ausstattung: DU, Waschm./Trockner, WC. KÜ. Radio, Sat-TV, CD/DVD-PLayer. Gl. Böden. Terrasse, Gartenmöbel, Grill. Weinberghütte, Fahrradverleih. Wäsche-/Brötchenservice.
Tiere: Max.6 Hunde; 3 €/Tag. Max. 6 Katzen; kostenlos. Katzentoilette. Eingezäuntes Grundstück. Zaunhöhe: 1,50 m. Hundeauslaufwiesen, Hundeübungsplatz, Hundepension. Tiere vor Ort: Hunde, Katze, Ziegen, Schafe, Hühner
Beschreibung: Landhaus für Individualisten und Hundefreunde in der Nähe des Thermal- u. Wellnessbades Gunaras (5 km). Hügeliges Weingebiet. Angeln, Reiten, Jagen, Wandern.

1 FH (bis 6 Pers., 80 m²; 3 DZ)	1 EZ (im FH)	1 DZ (im FH)	F	Endr.
Ü 65 €	Ü 21 €	Ü 25 €	4,50 €	4 - 18 €

Haas Csalad

Kossuth-Lajos-ut. 88, *H-7727 Palotabozsok*
Frau Haas, Tel. 07203-2393
Haas-Walzbachtal@t-online.de, www.hundeurlaub-ungarn.de

Ausstattung: Bad, WC, Waschmaschine. KÜ, Mikrowelle, Backofen. TV, Radio. Gefliester Boden. Kaminofen. Offene Bauweise
Tiere: Alle Tiere kostenlos. Hundetoilettenbeutel. Tiere dürfen sich generell frei bewegen. Großes eingezäuntes Grundstück.
Beschreibung: Neues Ferienhaus zw. der Donaustadt Mohács und Pécs im Weinanbaugebiet nahe der kroatische Grenze gelegen. Wellnessbad in der Nähe. Besonders tierfreundlich eingerichtet.

1 FH (bis 2 Pers.)	Endr.
Ü 42 - 50 €	40 €

Ferienhaus Hartmann

Szölöhegyi Utca 45, *H-8371 Nemesbük*
Fam. Hartmann, Tel. 0036-83-340801
hartmann@ferienhaus-ungarn-heviz.info, www.ferienhaus-heviz.de

Ausstattung: DU, WC. KÜ. Radio, CD, Sat-TV. 2 SZ. Glatte Böden/Teppich. Kachelofen, Heizung. NRH, Frühstück im Wintergarten, Terrasse mit Möbeln, Grill, Pool, Liegewiese. Wäscheservice. Mietwagenverleih. Kostenlose Parkplätze am Haus.
Tiere: Max. 3 kl./2 gr. Hunde; je 2,50 €/Tag. Kleintiere gratis. 2500 m² großes Grundstück, davon 500 m² eingezäunt. Vor Ort: 2 Hunde
Beschreibung: Ferienhaus auf dem Dorf, in unmittelbarer Nähe des Heviz-Sees (Thermalsee) und des Balaton. Wandern im Keszthely-Gebirge, Weinberge, Kuren, Radfahren.

1 FH (bis 4 Pers., 52 m²)	1 App. (2 Pers.)	F	Heizkosten	Kaution FH / App.
Ü 32 - 48 €	Ü 16 - 24 €	4 €	Pauschale	50€ / 100 €

Danubius Health Spa Resort Aqua ★★★★

Kossuth Lajos utca 13-15, *H-8380 Héviz*
Tel. 0036-83-889-500, Fax 0036-83-889-401
www.danubiushotels.com/aqua

Ausstattung: DU, Bad, WC. Tel., Radio, Sat-TV, WiFi. Teppichböden. Minibar, Balkon. Rest.: nationale, internationale u. Diätküche. Tagungen (bis 230 Pers.). Terrasse. Kur-u. Wellnesscenter: Thermalhallenbad, Pool, Sauna, Beauty, Fitness, Zahnklinik.
Tiere: Max. Hund/1 Katze; 19 €/Tag. Kleintiere a.A. Angeleint im Hausbereich.
Kinder: Pool, Plantschbecken, aktionsreiches Unterhaltungsprogramm
Beschreibung: "Spa Erholung - all inclusive" - Kurhotel neben dem berühmten Thermalsee. Wandern, Radfahren, Nordic Walking, Tennisplätze, Fußballplatz, Jagd, Reiten.

224 DZ / App.
ÜF 66 - 140 €

Danubius Health Spa Resort Héviz ★★★★ superior

Kossuth Lajos utca 9-11, *H-8380 Héviz*
Tel. 0036-83-889-400, Fax 0036-83-889-403
www.danubiushotels.com/heviz

Ausstattung: DU, Bad, WC. Tel., Sat-TV, WiFi. Teppichböden. Minibar, Balkon. Rest.: nationale, intern. u. Diätküche. Tagungen (bis 230 Pers.). Garten. Kur-u. Wellnesscenter: Thermalbäder (innen u. außen), Hallenbad, Whirlpool, Sauna, Beauty, Fitness.
Tiere: Max. 1 Hund/1 Katze; 21 €/Tag. Kleintiere a.A. Angeleint im Hausbereich.
Beschreibung: Kur- und Wellnesshotel in malerischer naturbelassener Umgebung. 5 min zu Fuß zum größten natürlichen Thermalsee Europas mit einzigartigem Heilschlamm.

210 DZ / App.
ÜF 80 - 168 €

Hevizer Appartements Elisabeth

Zrinyi Str. 42, *H-8380 Héviz*
Rita Nagy, nagy-doma@t-online.hu
www.urlaub-anbieter.com/Hevizer-Appartements-Elisabeth.htm

Ausstattung: DU, Bad, WC. KÜ, Backofen. Sat-TV. Gl. Böden/Teppich, Balkon/Terrasse, kl. Garten. 3 Parkplätze/1 Garage/kostenlos. Wäscheservice inklusive
Tiere: Max. 2 Hunde/2 Katzen; je 3 €/Tag. Weitere u. Kleintiere a.A.. Kl. Hundefuttervorrat. Eingezäuntes Grundstück. Zaunhöhe: 1,50 m.
Beschreibung: Nah am größten Thermalsee Europas gelegen, im Hintergrund das Keszthelyer Gebirge. Weinberge, Weinkeller, Kurmöglichkeiten. Burgen, Wandern, Radtouren, Reiten uv.m.

2 Fewo (bis 4 Pers., 72 m², 2 SZ)	Heizung
bis 2 Pers. ÜF 49 € / weit. Pers. 10 €	nach Verbrauch

UNGARN

Ferienhaus Patricia

Egri utca 84, *H-8646 Balatonfenyves*
Herr Deinet, Tel. 02053-4924352
anfrage@balaton-urlaub-deinet.de, www.balaton-urlaub-deinet.de

Ausstattung: 2 DU, 1 Bad, WC. KÜ, Spül-/Waschm., Mikrow., Ceranfeld, Backofen. Sat-TV. Laminat, 4 SZ, Kaminofen, Terrasse, 200 m² Garten, Gartenmöbel, Grill, Wäscheservice.

Tiere: Hunde; kostenlos. Eingezäuntes Grundstück. Hundesitterservice.

Beschreibung: Großzügiges Haus in ruhiger Lage am Balaton-Südufer. Wandern im Naturschutzgebiet Nagyberek, Schwimmen im Balaton, Thermalbad Csisztapuszta, Ausflüge nach Budapest, Weinberge.

1 FH (bis 8 Pers., 200 m²)	Kurtaxe	Endr.
Ü 70 €	1 € / Tag	20 €

Nostalgie-Ferien-Bauernhof Czinki

H-8756 Kisrécse-Kendli
Ortrun + László Czinki, Tel: 0036-93-371471
czinkihu@t-online.hu, www.czinki-ferien-bauernhof.hu

Ausstattung: DU, WC. KÜ. Radio, TV/ Internet (zentral).Gl. Böden. Weinkeller, Sauna. NRH Rad-u. Traktorfahren, Musik, Bogenschießen, Wandern, Reiten, Jagen, Angeln u.a.
Tiere: Hund/Katze; je 3 €/Tag. Reitunterricht. Vor Ort: Pferde, Ponys, Esel, Hunde u.v.m.
Kinder: Spielplatz, Baumhaus, Trampolin, Plantschbecken, Kutsch- u. Dampfeisenbahnfahrt
Behind. Einr.: 1 Appartement, 4 Ferienhäuser
Beschreibung: Ungarische Gastfreundschaft, auch für Vierbeiner, an unserem Hof inmitten einer romantischen Obst- und Weinberglandschaft mit Wäldern, Schluchten und Seen.

FH (bis 6 Pers.)	App. (bis 4 Pers.)	F
Ü 40 - 60 €	Ü 20 - 40 €	4,50 €

Unterkünfte in Polen

Allgemeine und Informationen zur Einreise mit Hunden / Katzen

Polnisches Fremdenverkehrsamt
Kurfürstendamm 71
D-10709 Berlin

Tel. 030 - 21 00 92 0
Fax 030 - 21 00 92 14

info.de@polen.travel
www.polen.travel/de

In öffentlichen Verkehrsmitteln besteht Leinen- und Maulkorbpflicht.

Änderungen und spezielle Bestimmungen für die Einreise mit anderen Tieren erfahren Sie bei der zuständigen Botschaft oder dem Amtstierarzt.

Hotel Europa ★★★★

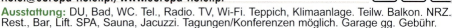

ul. Radomska 76a, PL-27-200 Starachowice
Karolina Stompor, Tel. 0048-41-2767800, Fax 0048-41-2767801
hotel@europa-hotel.pl, www.europa-hotel.pl

Ausstattung: DU, Bad, WC. Tel., Radio. TV, Wi-Fi. Teppich, Klimaanlage. Teilw. Balkon. NRZ. Rest., Bar, Lift. SPA, Sauna, Jacuzzi. Tagungen/Konferenzen möglich. Garage gg. Gebühr.
Tiere: Hund/Katze; 5 €/Tag. Kleintiere a.A. Tiere dürfen sich generell frei bewegen.
Kinder: Spielplatz, Hochstuhl, Kindermenü, Spielzeug, Bücher
Behind. Einr.: 1 rollstuhlgerechtes Zimmer
Beschreibung: Umgeben von ausgedehnten Wäldern, Wanderwegen und Seen.

1 EZ	67 DZ	1 App.
ÜF 46 - 120 €	ÜF 60 - 120 €	a.A.

Hotel ASCOT ★★★

ul. Radziwillowska 3, PL-31-026 Krakow
Tel. 0048-12-3840606, Fax 0048-12-3840607
rezerwacja@hotelascot.pl, www.hotelascot.pl

Ausstattung: DU, Bad, WC. Tel., Radio, TV, WLAN. Teppichböden, Safe, Lift. Rest., Bar. Tagungen (bis 30 Pers.). Parkplätze gg. Gebühr.
Tiere: Max. 2 Hunde/2 Katzen; 10-12 €/Tag. Tierfuttervorrat, Willkommensleckerli, Näpfe. Angeleint im Hausbereich.
Behind. Einr.: ein rollstuhlgerechtes Zimmer
Beschreibung: Gelegen an einer ruhigen Strasse in der Altstadt unweit von Hauptbahnhof mit komfortabel eingerichteten, eleganten und funktionalen Zimmern.

4 EZ	36 DZ	9 MB	HP
ÜF 50 - 95 €	ÜF 60 - 120 €	a.A.	13 €

Paszkowka Palac ★★★★

Paszkowka 37, PL-34-113 Paszkowka Krakow
Paulina Lelek, Tel. 0048-338723800, Fax: 0048-338793261
palace@paszkowka.pl, www.paszkowka.pl

Ausstattung: DU, Bad, WC. Tel., TV, WLAN. Teppich. Safe. Teilw. Balkon. Rest.: regionale Küche, Bar. Beheizter Außenpool, Massagen, Sauna, Jacuzzi, Fitness. Konferenzräume.
Tiere: Max. 2 Hunde/3 Katzen; kostenlos. Willkommensleckerli, kleiner Tierfuttervorrat, Decke, Gassidienst, Pferdekoppel. Angeleint im Hausbereich. Extra Frühstücksraum/Restaurant für Tierbesitzer. Golfen mit Hund.
Beschreibung: Schlosshotel im neogothischen Stil umgeben von Wäldern in einem ruhigem Dorf. Krakow (25 km) u. Flughafen (20 km) in der Nähe. Radfahren, Wandern, Ballonfahrten.

5 EZ	22 DZ	2 MB	10 Suiten	1 App.	HP / VP
ÜF 55 - 68 €	ÜF 68 - 88 €	a. A.	a. A.	a. A.	12 € / 24 €

*Gedanken wollen oft - wie Kinder und Hunde -,
dass man mit ihnen im Freien spazieren geht.*

Christian Morgenstern

Hotel Pieniny ★★

Jl. Kanada 38, PL-34-441 Niedzica
Tel. 0048-18-2629403, Fax 0048-18-2629474
polana.sosny@niedzica.pl, www.niedzica.pl

Ausstattung: DU, WC. Tel., Radio. TV, Internet im Haus. Teppichböden. Rest.: regionale Küche. Bar. Fitness. 1 rollstuhlgerechtes Zimmer. Kostenlose Parkplätze.
Tiere: Max. 1 Hund/1 Katze/1 Kleintier; kostenlos. Angeleint im Hausbereich.
Kinder: Sandkiste, Schaukel, Rutsche
Beschreibung: Im Herzen des Gebirgsmassivs Pieniny an Stauseen in der Grenzregion zur Slovakei gelegen. Wandern in drei Nationalparks der Karpaten. Wassersport, Radfahren.

POLEN

1 EZ	34 DZ	7 MB	3 App.	HP / VP
ÜF 19 - 23 €	ÜF 36 - 42 €	a.A.	a.A.	7 € / 10 €

Hotel HELIOS ★★

ul.Słoneczna 2a, PL-34-500 Zakopane
Tel. 0048-18-2013808, Fax 0048-18-14140
rezerwacja@hotel-helios.pl, www.hotel-helios.pl

Ausstattung: DU, Bad, WC. Tel., Radio, Sat-TV, WLAN. Teppichböden. Rest: regionale Küche. Café, Bar. Tagungen/Seminare (bis 80 Pers.) mgl.
Tiere: Hund/Katze/Kleintiere; kostenlos. Körbchen, Decke, Näpfe vorhanden. Tiere dürfen sich frei bewegen. Angeleint im Hausbereich/Restaurant.
Beschreibung: Hotel im international bekannten Wintersportort Zakopane in der Hohen Tatra gelegen. Wandern, Abfahrt-/Langlaufski, Snowboarding, Ski-Schule. Flussfahrten im Dunajec.

14 EZ	21 DZ	2 Studios / 4 App.	Klimaanlage
ÜF 28 - 45 €	ÜF 52 - 88 €	90 - 130 €	0,50 € / Tag

Karczma przy Dworce

Jl. Jasionka 1A, PL-36-002 Jasionka k/Rzeszowka
Magdalena Rylska, Tel. 0048-17-7723405, Fax 0048-17-7723333
dwor@ostoya.rzeszow.pl, www.karczma.w.rzeszowie.info

Ausstattung: DU, Bad, WC. Tel., Radio, Sat-TV, WLAN. Glatte Böden. Rest.: Gourmetküche. Grill, Whirlpool. Historisches Gebäude. Tagungen/Familienfeiern. Kostenlose Parkplätze.
Tiere: Hund/Katze/Kleintiere; kostenlos. Tiere dürfen sich frei bewegen. Angeleint im Hausbereich. Golfen mit Hund in der Nähe.
Kinder: Spielplatz, Sandkasten, Schaukel
Beschreibung: Historisches Haus in Waldnähe im Karpatenvorland. Jasionka-Zentrum (8 km), Flughafen (2 km), Wandern, Wassersport. Weit. Info unter: www.erzeszow.pl/de

EZ (=DZ)	20 DZ	3 Familienzimmer
ÜF 23 - 25 €	ÜF 30 - 35 €	a.A.

Bieszczady-Karpaten

Przysłup 18, PL-36-608 Przysłup
Pierre Feijten, Tel. 0031-346561540 (NL); 0048-500339812 (PL)
pierrefeijten@planet.nl, www.polenkarpaten.eu

Ausstattung: DU, WC. KÜ, Waschm. TV, Radio, CD-Player. Gl.Böden. Terrasse. Wäscheservice. Holzschnitzerei-Workshops. Man spricht 4 versch. Sprachen.
Tiere: Pferde kostenlos. Max.2 Hunde/2 Katzen; je 5 €/Tag. 12000 m² Grundstück. Zaunhöhe: 1,20 m. Hundeloipen (4 km).
Kinder: Spielplatz, Wasserbecken, kleiner Fluss am Ort
Beschreibung: Naturschutzgebiet West-Karpaten, Bieszczady National Park, Wandern, Ski-Langlauf, Holzkirchen, Synagogen, Ikonen.

2 FH (bis 4 Pers., 1 WZ, 2 SZ)
Ü 55 €

Hotel System PREMIUM Wrocław ★★★

al. M. Kromera 16, PL-51-163 Wrocław
Marzena Brzen, Tel. 0048-71-3649700, Fax 0048-71-3649701
m.brzen@hotelsystem.pl, www.hotelsystem.pl

Ausstattung: Bad, WC. Tel., PC auf d. Zi., LCD-TV. Teppich. Minibar, Safe, Lift. Rest., Bar. Schwimmbad, Sauna, Fitness. Klimaanlage. Tagungen bis 188 Pers. Garage gg. Gebühr.
Tiere: Hund/Katze; 73 € Kaution pro Aufenthalt. Näpfe, Hundetoilettenbeutel. Tierarzt u. Hundefriseur a.A. Angeleint im Hausbereich. Eingezäuntes Grundstück. Zaunhöhe: 1,50 m.
Behind. Einr.: 2 rollstuhlgerechte Zimmer
Beschreibung: Modernes Hotel etwa 4 km vom Stadtzentrum entfernt in der Nähe der Hauptstraßen Richtung Poznan und Warszawa.

26 EZ	74 DZ	7 App.	HP / VP
ÜF 50 - 68 €	ÜF 55 - 76 €	a.A.	25 € / 112 €

Hotel Atlantic ★★★★

Nowe Bielice 38-2, PL-76-039 Biesiekierz bei Koszalin
T. Zdunek, Tel. 0048-94-3481100, Fax 0048-94-3481101
tomaszzdunek@pacific.pl, www.hotelatlantic.pl

Ausstattung: DU, Bad, WC. Tel., TV, WLAN. Teppichboden. Minibar, Safe, Lift. Restaurant: regionale, Gourmetküche, Bar. Schwimmbad, Massagen, Solarium, Sauna, Fitness. Tagungen bis 200 Pers.
Tiere: Hund/Katze; 4 €/Tag. Angeleint im Hausbereich. Hundetoilettenbeutel. Vor Ort: Hund
Kinder: Spielplatz, Spiele, Babysitter, Spielzimmer
Beschreibung: Modernes Hotel an der Mittelostseeküste mit weitreichendem Wellness-Angebot. 20 min zum Strand.

15 EZ	52 DZ	2 Suites / 6 App.	HP / VP
ÜF 35 - 48 €	ÜF 60 - 70 €	a.A.	8 € / 14 €

"Jantar"

Wczasowa 14, PL-76-270 Ustka
Anna Cwigon, Tel. 0048-59-8144093, Tel./Fax 0048-59-8144287
biuro@jantar.ustka.pl, www.jantar.ustka.pl

Ausstattung: DU, Bad, WC. Tel., Radio, SAT-TV, WLAN. Teppichbd., im FH gl. Böden. Zi. zum Teil mit Terrasse. Rest., Tagungen mgl. Sauna, Massagen, Kosmetik, Fitnessstudio.
Tiere: Max. 2 Hunde/2 Katzen; je 2,50 €/Tag. Kleintiere a. A. Tiere dürfen sich frei bewegen. Angeleint im Haus. Kein Zutritt zum Restaurant. Tiere vor Ort: Hund
Kinder: Spielplatz, Kindermenü
Beschreibung: 250 m von der Ostseeküste im Kiefernwald gelegen. Radfahren, Wassersport Slupsk (20 km), Koszalin (70 km). Viele Hundewege gehen vom Hotel ab.

21 EZ (=DZ)	21 DZ	7 MB	34 FH (bis 4 Pers.)	HP
ÜF 40 - 52 €	ÜF 52 - 63 €	a.A.	bis 3 Pers. ÜF 55 - 76 €	10 €

Appartaments "PARK"

Jedowo 1 a, **PL-76-270 Ustka**
Frau Celina Kazukiewicz, Tel. 0048-606-487434
rezerwacja@park-hotel.pl, www.park-hotel.pl

Ausstattung: DU, WC. Radio, WLAN. Gl. Böden/Teppich. Terrasse. NRZ vorh., Rest., Bar. 2 rollstuhlgerechte Zimmer. Tagungen/Seminare möglich. Kostenlose Parkplätze am Haus.
Tiere: Max. 10 Hunde/4 Katzen; kostenlos. Hundetoilettenbeutel, Hundemenüs, Kratzbaum, Katzentoilette. Angeleint im Haus. Eingezäuntes Grundstück. Tiere vor Ort: Hund, 4 Katzen.
Kinder: Spielplatz, Sportplatz, Babybett, Spielecke im Speisesaal
Beschreibung: Kinder- und familienfreundlicher Appartementpark an der polnischen Ostsee, ruhig in einem Kiefernwäldchen gelegen. Stadtzentrum (3 km), Weststrand (2 km).

POLEN

4 DZ	5 MB	7 App. (bis 4 Pers./60m²)	HP / VP
ÜF 42 - 55 €	a.A.	a.A.	10 € / 18 €

ULAN Sport & SPA ★★★

ul. Tartaczna 10, **PL-77-100 Bytów**
Macek Koterba, Tel. 0048-598226647, Tel./Fax 0048-598223247
hotel@ulanspa.pl, www.ulanspa.pl

Ausstattung: DU, Bad, WC. Tel., TV, Internet. Teppich. 1 Behindertengerechtes DZ. Rest. gutbrgl. Küche. Schwimmbad, Sauna, Massagen, Kosmetik. Fitness. Kostenlose Parkplätze.
Tiere: Max. je 1 Hund/Katze; kostenlos. Kleintiere a. A. Angeleint im Haus/Restaurant erlaubt. Eingezäuntes Grundstück. Zaunhöhe: 2 m. Vor Ort: Hund, Pferde
Kinder: Spielplatz, Babysitting, Kindermenü
Beschreibung: Wellness-Hotel in der Kazubischen Seenplatte mit Blick auf ein Kreuzritterschloss (15.Jh.). Wandern, Wassersport, Reiten, Radfahren, Golfsimulator. Ostsee (80 km).

8 EZ	22 DZ	3 MB / 1 App.	HP / VP
ÜF 22 - 35 €	ÜF 40 - 55 €	a. A.	a. A.

Villa ANGELA

Beethovena 12, **PL-80-171 Gdańsk**
Tel. 0048-58-3022315, Fax 0048-58-3260778
villa@villaangela.pl, www.villaangela.pl

Ausstattung: DU, Bad, WC. Telefon, Radio, TV, WLAN. Teppichböden. Zimmer teilw. mit Balkon. Frühstücksraum. Kostenlose Parkplätze am Haus.
Tiere: Hund 15 €/Tag. Katzen 15 €/Tag. Kleintiere a.A. Tiere dürfen sich frei bewegen. Angeleint im Hausbereich. Eingezäuntes Grundstück. Zaunhöhe: 2 m. Tiere vor Ort: Hund, Katze
Beschreibung: Villa Angela - ein Haus mit hohem Standard und einzigartiger Atmosphäre. Altstadt mit vielen Sehenswürdigkeiten (2,5 km), Gdynia (25 km), Schloss in Malbork, Kaschuben.

2 EZ	11 DZ	5 DZ de luxe	1 App.
ÜF 42 - 56 €	ÜF 50 - 68 €	ÜF 57 – 78 €	ÜF 83 – 107 €

Hotel Opera ★★★

ul. Moniuszki 10, PL-81-829 Sopot
Paulina Warywoda, Tel. 48-58-5555600, Fax 0048-58-5555601
hotel@hotelopera.pl, www.hotelopera.pl

Ausstattung: DU, Bad, WC. Tel., TV. Teppichböden. Minibar, Lift. Restaurant, Bar. SPA, Antiaging-Therapien mit Sauna, Massagen, Fitness, Kosmetik u.a. Kostenlose Parkplätze.

Tiere: Hund/Katze; 15 €/Tag. Kleintiere a.A. Angeleint im Hausbereich. Eingezäuntes Grundstück. Hundetoilettenbeutel im Ort.

Beschreibung: Umgeben von den waldreichen Hügeln von Sopot im einem geschützten Tal gelegen. Schwimmen, Wandern, Radfahren, weitreichendes Antiaging-Angebot/SPA.

EZ	DZ
ÜF 75 - 90 €	ÜF 85 - 100 €

Rezydencja nad Jeziorem Łebsko

ul. Jeziorna 21a, PL-84-360 Łeba -Żarnowska
J. Gromowska, Tel. 0048-59-8662829 Fax 0048-59-8662826
rezydencja@gromowska.pl, www.rezydencja-porta-baltic.pl

Ausstattung: DU, Bad, WC. Miniküche. Tel., Sat-TV, WLAN. Gl. Böden. Safe. Terrasse. NRZ. Rest.: europ. Küche. Bar. Tagungen mögl. Radfahren, Wandern, Ruderboot. Kostenl. Parkpl.
Tiere: Max. 1 Hund; 6 €/Tag, ab 7 Tage kostenlos. Angeleint im Hausbereich. Kein Zugang zu Liegewiese und Spielplatz. 1800 m² eingezäuntes Grundstück. Zaunhöhe: 1,80 m. Nur gut erzogene Hunde.
Beschreibung: Malerische Lage direkt am Ufer des Leba-Sees umgeben vom Slowinski Nationalpark, 4 km zum Ostseestrand. Blick auf Wanderdünen.

7 App.	HP
bis 2 Pers. ÜF 75 - 90 €	14 €

Hotel "Pod Czarną Różą"
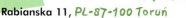

Rabianska 11, PL-87-100 Toruń
Tel. 0048-56-6219637, Fax 0048-56-6219647
hotel@hotelczarnaroza.pl, www.hotelczarnaroza.pl

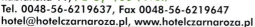

Ausstattung: DU, Bad, WC. Tel., TV, WLAN. Teppich. Safe. Zi. teilw. mit Balkon. Lift, Innenhof, Café im gotischen Keller. Kleiner Tagungssaal.

Tiere: Hund/Katze; kostenlos. Kleintiere a.A. Tiere dürfen sich frei bewegen. Angeleint im Hausbereich. Tiere vor Ort: 2 Katzen

Beschreibung: Das "Hotel unter der schwarzen Rose", ein neu restaurierter historischer Ort im Herzen der Altstadt in der Nähe des Flusses Vistula gelegen. Bydgoszcz (50 km).

6 EZ	8 DZ	4 MB	2 App.
ÜF 43 - 50 €	ÜF 55 - 60 €	a.A.	a. A.

Messen, Ausstellungen, Turniere

Heimtiermessen, Rassekatzenausstellungen, Pferdeturniere können durchaus Anlass sein in deren Umgebung ein paar Tage oder vielleicht auch länger Ferien zu machen. Bei dieser Gelegenheit kann man sich über die neuesten Trends im Heimtierbereich informieren. Auf den folgenden Seiten werden Kurzinformationen zu Messen, Ausstellungen, Turnieren u.ä. in Deutschland, Österreich, der Schweiz und ausgewählten in Spanien und Polen gegeben, die sich mit den Themen Haustiere / Hund / Katze / Kleintier / Pferd befassen. Sie sind nach Ländern gegliedert und innerhalb der Länder in zeitlicher Abfolge.

Die Informationen beinhalten die Messetermine, den Messeort, eine Kurzbeschreibung und die Internet-Adresse zwecks weiterführender Informationen. Durch die Angabe der Postleitzahl lässt sich auf entsprechende Objekte in Messenähe im Unterkunftsverzeichnis zurückgreifen.

Zutritt zu den Veranstaltungen haben das allgemeine Publikum, insbesondere natürlich Tierfreunde sowie Fachinteressierte.

Darf mein Hund oder meine Katze mit in die Ausstellung?

Hunde sind in der Regel ab einem Alter von 6 Monaten zugelassen. Pflicht ist jedoch ein gültiger Impfpass. Der Eintritt für Hunde ist meist kostenlos. Handelt es sich um Ausstellungen von mehreren Tierarten, gibt es Zutrittsverbote für die Ausstellungsbereiche anderer Tiere. Hundesitting während Ihres Messebesuches ist oft Teil des Messeservice, meist jedoch kostenpflichtig. Heimtiermessen bieten in vielen Fällen einen Gesundheitscheck für Hunde und Katzen an.

"Der Hund ist auch nur ein Mensch"

Der Hund in der Kunst - Der Hund als Freund - Der Hund als Waffe - Der Hund in der Gesellschaft. Verschiedene Ausstellungen, Theateraufführungen, Lesungen und Führungen

49074 Osnabrück, 27.10.2009 - 08.12.2010

www.der-hund-ist-auch-nur-ein-mensch.de

Catfriends of Germany

Internationale Katzenausstellung, Ringrichten mit amerik. Richtern

34121 Kassel, 09.01. - 10.01.2010
31785 Hameln, 27.03. - 28.03.2010
29683 Bad Fallingbostel, 18.09. - 19.09.2010
Noch nicht bekannt, 30.10. - 31.10.2010
Noch nicht bekannt, 04.12. - 05.12.2010

www.catfriends.de

K+K Cup

Reit- und Springturnier

48155 Münster, 13.01. - 17.01.2010

www.escon-marketing.de

Heim-Tier & Pflanze

Fach- und Informationsschau für Heim-Tier- und Pflanzenhaltung

14055 Berlin, 15.01. - 24.01.2010

www.messe-berlin.de

CAC/B 2010

36. Internationale Rassehunde-Ausstellung, Messezentrum Nürnberg

90471 Nürnberg, 16.01. - 17.01.2010

www.vdh-franken.de

VDH

Internationale Rassehundeausstellungen

81323 München, 06.03. - 07.03.2010
77656 Offenburg, 13.03. - 14.03.2010
01067 Dresden, 10.04. - 11.04.2010
14055 Berlin, 17.04. - 18.04.2010
49808 Lingen, 24.04. - 25.04.2010
44139 Dortmund, 07.05. - 09.05.2010
66117 Saarbrücken, 23.05. - 24.05.2010
35398 Gießen, 29.05. - 30.05.2010
04321 Neumünster, 05.06. - 06.06.2010
99097 Erfurt, 12.06.2010
44139 Dortmund, 15.10. - 17.10.2010
28215 Bremen, 31.07.2010
67059 Ludwigshafen, 07.08. - 08.08.2010
04356 Leipzig, 21.08. - 22.08.2010
18106 Rostock, 09.10. - 10.10.2010
70629 Stuttgart, 23.10. - 24.10.2010
30521 Hannover, 30.10. - 31.10.2010
34121 Kassel, 12.12.2010

www.vdh.de

Pferdesportmesse Leipzig

Hallenreitsportveranstaltung - Mischung aus Show, Expo und Sport

04356 Leipzig, 21.01 - 24.01.2010

www.partner-pferd.de

Doglive Münster

Münsters Hundemesse und Event

48155 Münster, 23.01 - 24.01.2010

www.doglive.de

Heimtiermesse

Die Erlebnismesse rund um Hund, Katze, Fisch & Co.

30521 Hannover, 05.02. - 07.02.2010
86159 Augsburg, 16.04. - 18.04.2010
01067 Dresden, 17.09. - 19.09.2010
12435 Berlin, 29.10. - 31.10.2010

www.heimtiermessen.de

f.re.e

f.re.e - Die neue C-B-R

81829 München, 18.02. - 22.02.2010,
Themenbereich Pferd bis 21.02.2010

www.free-muenchen.de

Mein Hund

Informations- und Verkaufstage rund um den Hund

63719 Hofheim-Wallau, 20.02. - 21.02.2010
56075 Koblenz, 27.02. - 28.02.2010
70327 Stuttgart, 20.03. - 21.03.2010
75378 Bad Liebenzell, 15.05. - 16.05.2010
89079 Ulm - Wiblingen, 10.07. - 11.07.2010
21514 Wotersen bei Hamburg, 11.09. - 12.09.2010
72762 Reutlingen, 25.09. - 26.09.2010
78315 Radolfzell, 09.10. - 10.10.2010
40591 Freiburg, 13.11. - 14.11.20100
79110 Düsseldorf, 20.11. - 21.11.2010

www.piesch.de

euroclassics Pferde-Festival

Internationales Pferde-Festival

28215 Bremen, 26.02. - 07.03.2010

www.escon-marketing.de

Internationales Reitturnier

Internationales Reitturnier

44139 Dortmund, 18.03. - 21.03.2010

www.escon-marketing.de

Jagen, Fischen, Reiten

Naturerlebnisse für die ganze Familie

01067 Dresden, 19.03. - 21.03.2010

www.tmsmessen.de

hanseTier 2010

Hamburger Heimtier Messe

20357 Hamburg, 27.03. - 28.03.2010

www.hansetier.de

HansePferd Hamburg

13. Internationale Ausstellung für Pferdefreunde

20357 Hamburg, 16.04. - 18.04.2010

www.hansepferd.de

dieHundemesse

Die ganze Hundewelt auf einer Messe

52070 Aachen, 01.05. - 02.05.2010
50321 Brühl bei Köln, 13.06.2010
56218 Mühlheim-Kärlich, 26.10.2010

www.diehundemesse.de

Tier & Natur München

Die Erlebnismesse für die ganze Familie

82256 Fürstenfeldbruck, 01.05. - 02.05.2010

www.tiermesse.com

Hund & Heimtier Dortmund

Europa-Sieger Ausstellung und Messe für Tierfreunde

44139 Dortmund, 07.05. - 09.05.2010
04356 Leipzig, 21.08. - 22.08.2010

www.heimtiermessen.de

Hardenberg Burgturnier

Hardenberg Burgturnier

37176 Nörten-Hardenberg, 27.05. - 30.05.2010

www.escon-marketing.de

Equitana Open Air

Festival des Pferdesports

41460 Neuss, 28.05. - 30.05.2010

www.equitana-openair.com

Internationales Dressurfestival Lingen

Internationales Dressurfestival

49808 Lingen, 04.06. - 06.06.2010

www.escon-marketing.de

Pferd 2010

20. Reit- und Springturnier

18276 Mühlengeez, 12.08 - 15.08.2010

www.pferd-maz.de

Fest der Dressur

Fest der Dressur

49692 Cappeln, 19.08. - 22.08.2010

www.escon-marketing.de

Bundeschampionate Warendorf

Finale Bundeschampionate

48231 Warendorf, 01.09. - 05.09.2010

www.escon-marketing.de

Gedächtnisturnier

Internationales S.D. Fürst Joachim zu Fürstenberg-Gedächtnisturnier

78166 Donaueschingen, 16.09. - 19.09.2010

www.escon-marketing.de

Heimtiermesse Wolfsburg

Messe für Katze, Hund & Co.

38440 Wolfsburg, 18.09. - 19.09.2010

www.move-messen.de

HanseMesse Rostock

7. Internationale RasseHundeAusstellung,

18106 Rostock, 09.10. - 10.10.2010

www.rassehunde-rostock.de

Animal

Ausstellung für Heimtierhaltung

70627 Stuttgart, 22.10. - 24.10.2010

www.messe-stuttgart.de/animal

Pferd Stuttgart

Die Messe für Ross und Reiter

70629 Stuttgart, 22.10. - 24.10.2010

www.messe-stuttgart.de/pferd

Internationale Oldenburger Pferdetage

Internationale Oldenburger Pferdetage

26123 Oldenburg, 11.11. - 14.11.2010

www.escon-marketing.de

Pferd & Jagd 2010

Europas größte Ausstellung für Reiten, Jagen, Angeln

30521 Hannover, 02.12 - 05.12.2010

www.pferd-und-jagd-messe.de

Reitturnier Frankfurt

Internationales Festhallen Reitturnier Frankfurt,

60327 Frankfurt, 16.12. - 19.12.2010

www.escon-marketing.de

Katzenausstellung

Katzenausstellung

A-9020 Klagenfurt, 23.01. - 24.01.2010
A-1021 Wien, 02.10. - 03.10.2010

www.cats-r-us.at

Katzenausstellung

Katzenausstellung

A-2320 Schwechat/Wien, 06.02. - 07.02.2010
A-6923 Bregenz/Lauterach, 03.04. - 04.04.2010

www.kkoe.net

Hundeausstellung

Hundeausstellungen

A-8010 Graz, 06.03. - 07.03.2010
A-3250 Wieselburg, 10.04. - 11.04.2010
A-5020 Salzburg, 08.05. - 09.05.2010
A-9020 Klagenfurt, 12.06. - 13.06.2010
A-7400 Oberwart, 17.07. - 18.07.2010
(Doppel Ausstellung mit Szombathely)
A-6020 Innsbruck, 21.08. - 22.08.2010
(Doppel Ausstellung, 2 x CACIB; alle Rassen an beiden Tagen)
A-3430 Tulln, 25.09. - 26.09.2010
A-4600 Wels, 04.12. - 05.12.2010
(Doppel Ausstellung, 2 x CACIB; alle Rassen an beiden Tagen)

www.oekv.at

Katzenausstellung

Katzenausstellung

A-7000 Eisenstadt, 13.03. - 14.03.2010

www.austriancatsunited.eu

Festival der Hunde

Internationale Hundeausstellung Salzburg
Einfach alles rund um den Hund

A-5020 Salzburg, 08.05. - 09.05.2010

www.aussies.at

Pferd Wels

Österreichs größte Messe für Pferdesport, -zucht und -haltung

A-4600 Wels, 13.05. - 16.05.2010

www.pferd-wels.at

Haustier Aktuell 2010 mit Exotica

Das tierische Spektakel. Für Liebhaber von Katzen, Hunden, Kleintieren und Exoten.

A-2700 Wiener Neustadt, 29.05. - 30.05.2010
A-2700 Wiener Neustadt, 21.05. - 22.05.2011

www.arenanova.com

Apropos Pferd 2010

Die Messe & Show. Mit Int. Springturnier CSI***, Wettkämpfen, Reit- & Zuchtpräsentationen, u.v.m.

A-2700 Wiener Neustadt, 07.10. - 10.10.2010
A-2700 Wiener Neustadt, 06.10. - 09.10.2011

www.arenanova.com

Pferdemesse Alpen-Adria

Intern. Spring- und Reitturnier, Showprogramm, Ausstellung

A-9021 Klagenfurt, 15.10. - 17.10.2010
A-9021 Klagenfurt, 14.10. - 16.10.2011

www.kaerntnermessen.at

Exotica Haustiermesse Wien

Österreichs größtes Haustiereinkaufserlebnis am ersten Adventwochenende

A-1021 Wien, 27.11. - 28.11.2010

www.haustiermesse.info

Wann findet bei Ihnen oder in Ihrer Nähe eine Tiermesse statt?
Rufen Sie uns an
0049 (0) 6023.999458 oder mailen Sie an
info@tierfreundliche-hotels.de

FFH

Katzenausstellung des Helvetischen Katzenverbandes Schweiz
2 x 1-Tagesausstellung

CH-6600 Locarno, 16.01. - 17.01.2010
CH-6023 Rothenburg, 06.02. - 07.02.2010
CH-1206 Genf, 27.02. - 28.02.2010
CH-1400 Yverdon-les-Bains, 20.03. - 21.03.2010
CH-8752 Näfels, 10.04. -11.04.2010
CH-9000 St. Gallen, 08.05. - 09.05.2010
CH-8700 Küssnacht, 05.06. - 06.06.2010
CH-3818 Grindelwald, 26.06. -27.06.2010
CH-2000 Neuchatel, 04.09. - 05.09.2010
CH-8400 Winterthur, 25.09. - 26.09.2010
CH-1000 Lausanne, 16.10. - 17.10.2010
CH-8471 Buchs, 06.11. - 07.11.2010
CH-4528 Zuchwil, 04.12. - 05.12.2010

www.ffh.ch

Hund 2010

Schweizer Hundefachmesse

CH-8400 Winterthur, 05.02. - 07.02.2010
CH-8400 Winterthur, 04.02. - 06.02.2011

www.hundemesse.ch

animalia

Messe für Heimtiere und Kleintierzucht

CH-9000 St.Gallen, 08.05. - 09.05.2010
CH-9000 St.Gallen, 14.05. - 15.05.2011

www. animalia-sg.ch

Ich will Euch einfach nicht mehr sehen!!!

Mascota Barcelona - Spanien

Int. Fachmesse & Publikumsmesse für Heimtierbedarf

E-08004 Mascota Barcelona, Herbst 2011

www.salonmascota.com

Pet Fair - Polen

International Fair of Pet Shop Merchandise

PL 90-531 Lodz, Mai 2011

www.mtl.lodz.pl/petfair

Tierischer Sprachführer

deutsch	englisch	italienisch
erlaubt	permitted	permesso
Fell	coat	pelle
Fressnapf	feeding bow	scodella
Gesundheitszeugnis	health certificate	certificato medico criceto
Hamster	hamster	criceto
Halsband	collar	collare
Huf	hoof	zoccolo
Heu	hay	fieno
Hund	dog	cane
Hund willkommen	dog welcome	cane bienvenuto
Hund erlaubt	dog permitted	cane permesso
Hundeleine	dog leash	guinzaglio
Hundeschule	pet obedience school	scuola per cane
Hundetoilettenbeutel	doggy bags	sacchetto
Hundefutter	dog food	cibo per i cane
Impfpass	vaccination card	certificato di vaccinazione
Katze	cat	felino
Katzenfutter	cat food	cibo per i felino
krank	ill	ammalato
Leinenpflicht	dog leash	obbligo de tenere un guinzaglio
Maulkorb	muzzl	museruola
Meerschweinchen	guinea pig	porcellino d'india
Pferd	horse	cavallo
Pferdekoppel	paddock	cavallino
Pfote	pad	zampa
Reitschule	riding school	scuola d'equitazione
Reiten	to ride	montare
Sattel	tack	arcione
Schnauze	nose	muso
Tierarzt	vet	veterinario
Tierklinik	veterinary	clinica veteriraria
Tollwut	vaccine	rabbia
Trinkwasser	drinking water	acqua potabile
verboten	forbidden	proibito
Vogel	bird	volatile
Wald	forest	foresta
Wiese	meadow	brato
Wunde	wound	ferita
Zaun	fence	recinto
Zecke	tick	zecca

Ortsverzeichnis der Hundestrände an Nord - und Ostsee

Nordsee

Amrum S. 63
Baltrum S. 66
Borkum S. 67
Büsum S. 59
Buthadingen S. 67
Cuxhaven S. 67 - 68
Dagebüll S. 62
Dorum-Neßmersiel S. 68
Dorum-Neufeld S. 68
Friedrichskoog-Spitze S. 58
Föhr S. 62 - 63
Goting / Föhr S. 62
Hörnum / Sylt S. 64
Hooksiel S.65
Horumersiel-Schillig S. 65
Husum S. 59
Kampen / Sylt S. 64
Langeoog S. 65
List / Sylt S. 63
Lüttmoorsiel S. 61
Nebel / Amrum S. 63
Nieblum S. 62
Norddeich S. 66
Norddorf / Amrum S. 63
Norderney S. 66
Nordstrand S. 60 - 61
Pellworm S. 61 - 62
Rantum / Sylt S. 65
St.-Peter-Ording S. 59 - 60
Spiekeroog S. 66
Süderkoog S. 61
Sylt S. 63 - 65
Wangerooge S. 66
Wenningstedt-Braderup / Sylt S. 64
Wesselburenerkoog S. 59
Westerdeichstrich S. 58
Westerland / Sylt S.64
Wittdün / Amrum S. 63
Tönning S. 60
Utersum / Föhr S.62
Vollerwiek S. 60
Wyk / Föhr S. 63

Ostsee

Ahlbeck S. 70
Ahrenshoop S. 75
Am Schwarzen Busch S. 83
Baabe S. 78
Bansin S. 70
Beckerwitz S. 82
Behrensdorf S. 86
Binz S. 79
Börgerende S. 74
Boltenhagen S. 82
Born S. 77
Breege S. 79
Dahme S. 81
Damp S. 87
Darß S. 75 - 77
Diedrichshagen S. 74
Dierhagen S. 75
Dranske-Nonnewitz S. 77
Eckernförde S. 87
Falshöft S. 89
Flensburg S. 88
Gager S. 78
Glücksburg S. 89
Göhren S. 78
Gollwitz S. 83
Graal-Müritz S. 74
Grömitz S. 80
Heiligenhafen S. 82
Heringsdorf S. 70
Hiddensee S. 77
Hohenfelde S. 86
Hohwacht S. 86 - 87
Holnis S. 89
Juliusruh S. 79
Kägsdorf S. 75
Kappeln S. 87
Karlshagen S. 72
Kellenhusen S. 81
Kiel S. 84
Kirchdorf S. 83
Koserow S. 73
Kronsgaard S. 88
Kühlungsborn S. 74 - 75

Laboe S. 86
Langballig S. 89
Lubmin S. 73
Neustadt S. 81
Nieby S. 89
Noer-Lindhoeft S. 84
Peenemünde S. 72
Poel S. 83
Pottloch S. 88
Prerow S. 76
Rerik S. 75
Rostock S. 74
Rügen S. 78 - 79
Scharbeutz S. 80
Schönberg S. 84 - 85
Schönhagen S. 88
Schwedeneck S. 85
Sehlendorf S. 87
Sellin S. 78
Stein S. 86
Thiessow S. 79
Timmendorf S. 83
Timmendorfer Strand S. 80
Travemünde S. 79 - 80
Trassenheide S. 72
Ückeritz S. 73
Ückermünde S. 70
Usedom S. 70 - 73
Wangern S. 83
Warnemünde S. 74
Weißenhäuser Strand S. 82
Wisch S. 85
Wohlenberg S. 83
Wustrow S. 76
Zempin S. 73
Zingst S. 76
Zinnowitz S. 72

Bildnachweis

Für die freundliche Überlassung von Fotos und Zeichnungen danken wir herzlich:

Arnhold, Markus: S.2, 140/141
Bade-/Verkehrsverein Vollerwiek e.V: S. 60
Black, Gunter: S. 67
Fecher, Berenike: Titelblatt, S. 24, 122,
Dari, Simone: S. 142
Ducke, Jens: S. 38, 52, 59, 161
Geiser-Kuusamo, Riitta und Werner: S. 114
Gromowska, Janina: S. 146-148
Grützke, Roswitha: S. 41, 79
Haberstroh, Daniela: S. 76/77
Häusser, Petra: S. 3, 32, 84, 85
Herbert, Manfred: S. 101, 128, 134
Höfler, Anja: S. 2, 129
Kraus, Simone: S. 39
Kühn, Sabine: S. 2, 18/19, 40, 51, 52, 64/65, 82/83, 87
Mende, Peter: S. 40, 130
Ohl, Werner: S. 89
Piesch, Michael: S. 98, 106, 109
Reining, Corinna: S. 3, 128/129, 136/137
Reutter, Karin Ute: Titelseite, S. 25, 57, 61, 92, 110
Ruckstetter, Dieter: S. 116, 136/137
Sattelberg-Lorkowski, Petra: S. 31, 66
Schindel, Marita: S.133
Schulz-Pruin, Christina: Rückseite, S. 3, 12/13, 47-49, 53, 55, 68/69, 100
Schlottmann, Claus: S. 17
Schwarz, Silvia und Sabine: S. 30, 59, 61-63, 66, 67, 158, 161
Trunk, Alexander/Ferienhof Trunk: S. 102, 159
Von Olfers, Max: S. 112, 163
Alle anderen Fotos stammen von Kerstin Schindel-Arnhold.

www.logis-de-beaulieu.de

Register

Agility / Coursing
D-06928 Glücksburger Heidehof
D-25924 Petras Friesenhaus
D-26629 Ferienwohnungen Djuren
D-32805 Landhaus Blumengarten
D-94086 Hotel Herzog Tassilo
D-94158 Landhotel Haus Waldeck
A -6372 Erlebnishotel Schmiedboden
CH-8898 Hotel Tannenboden
I-39042 Schloss Campan
H-7228 Ferienhaus Waldhof

Behindertengerechte Zimmer
D-09395 Ferien- und Reiterhof Sittel
D-14827 Waldhotel Alte Hölle
D-25826 Dünenhotel Eulenhof
D-26487 Ferienhaus Maike
D-32805 Landhaus Blumengarten
D-38604 Frauenpension Arleta
D-83242 Beim Draxl
D-85110 Haus Sonnenbichl
D-87629 Appartementhotel Seespitz
D-93364 Monis Bergpension
A-6382 Tirolerhaus-Chalet
CH-3905 Hotel Sport
CH-5723 Art & Hotel Garni
CH-8645 Gasthaus Weinhalde
I-39042 Berghhotel Schlemmer
I-39042 Schloss Campan
I-39058 Residence Bergerhof
H-8756 Nostalgie-Ferien-Bauernhof Czinki
PL-27200 Hotel Europa
PL-31026 Hotel Ascot
PL-34441 Hotel Pieniny
PL-51163 Hotel System Premium Wroclaw
PL-76270 Appartaments Park
PL-77100 Ulan Sport & SPA
PL-51-163 Hotel System Premium Wroclaw

Dialyse
D-59929 Enjoy Hotel Brilon

Gassidienst
D-14827 Waldhotel Alte Hölle
D-17237 Amy's Wohlfühlvilla
D-65307 Hotel Kaiserhof
D-94086 Hotel Herzog Tassilo
I-39019 Hotel Mair am Ort

Golfen mit Hund
D-59929 Enjoy Hotel Brilon
CZ-37701 Das Jagdhaus
D-36419 Landhaus Henkel
PL-3602 Karczma przy Dworce
PL-34-113 Paszkowska Palac

Gourmetrestaurant
D-16831 Hotel/Restaurant " Haus am See "
D-17192 Hotel Kleines Meer
D-38895 Schlossvilla Derenburg
D-59929 Enjoy Hotel Brilon
A-5700 Hotel Badhaus
CH-3983 Wellnesshotel Salina Maris
CH-4566 Romantik Hotel Sternen
CH-8645 Gasthaus Weinhalde

Hundebademöglichkeit an Seen, Bächen etc.
D-06223 Nordic Camp Grünbach
D-17094 Seehotel Heidehof
D-17237 Amys Wohlfühlvilla
D-83093 Alter Ziehbrunnen
D-85110 Haus Sonnenbichl
D-87466 Haus Panorama
D-87629 Appartementhotel Seespitz
D-94086 Hotel Herzog Tassilo
A-3861 Genießergasthof Kutscherklause
A-6372 Erlebnishotel Schmiedboden
A-6382 Tirolerhaus-Chalet
A-6432 Ferienwohnungen Pienz
A-9601 Ferienwohnungen Robin
A-9762 Hotel Moser
A-9872 Ferienwohnungen Cichini
A-9872 Pension Sedlak
A-9971 Hotel Goldried
A-3775 Hotel Kreuz
A-3807 Hotel Chalet du Lac
CH-3905 Hotel Sport
CH-3906 Ferienwohnungen Aristella
CH-4566 Romantik Hotel Sternen
CH-5723 Art & Hotel Garni
CH-8280 Gasthaus Bahnhof Hafen
F-16190 Logis de Beaulieu
F-58140 Ferienhaus Frankreich Burgund
E-11150 Finca La Cabana
E-29740 Finca Huerta Tropical
E-43580 Spanienurlaub mit Hund
I-39058 Residence Bergerhof

I-17033 Villa Garlenda
I-20059 Casa Carbonaia
I-50060 Landvilla Londa 1, 2, 3
I-55100 Villa Lucca
I-56030 Ferienhaus In Tosacana
I-56030 Ferienhaus Terricola 4
I-56034 Landhaus Chianni 4
I-56040 Landvilla Guardistallo
I-56040 Hotel Val di Cecina
I-57021 Residenz Campiglia 1
I-57028 Poggio al Turco
I-58046 Fattoria la Principina
I-58048 Agriturismo Paganico
I-58100 Fattoria San Lorenzo
I-61028 Ca Agostino
CZ-34021 Hunters Lodge
CZ-34021 Camp U dvou Orechu
CZ-34507 Pension Vseruby
CZ-37701 Jagdhaus
H-7228 Ferienhaus Waldhof
PL-34441 Hotel Pieniny
PL-36-608 Bieszzady-Karpaten
PL-76270 Jantar
PL-76270 Appartaments Park
PL-77100 Ulan Sport & SPA
PL-84360 Rezydencija nad Jeziorem Lebsko
PL-81829 Hotel Opera
PL-87100 Hotel Pod Czarna Rosa

Hundeloipe
A-6531 Hotel Riederhof
CH-8898 Hotel Tannenboden
I-39010 Pension Angergut
PL-36-608 Bieszzady-Karpaten

Hundemenü
D-17237 Amy's Wohlfühlvilla
D-59929 Enjoy-Hotel Brilon
D-65307 Hotel Kaiserhof
A-3861 Genießergasthof Kutscherklause
A-9762 Hotel Moser
PL-76270 Appartaments Park

Hundephysiotheraphie
D-17237 Amy's Wohlfühlvilla
D-24321 Ostseeferienhof
D-63307 Hotel Kaiserhof
A-9762 Hotel Moser

Hundepsychologie
D-94158 Landhotel Haus Waldeck

Hundeschule im Haus / in der Nähe
D-14827 Waldhotel Alte Hölle
D- 25924 Petras Friesenhaus
D-56850 Hotel Gambrinus
D-59929 Enjoy-Hotel Brilon
D-63307 Hotel Kaiserhof
D-94086 Hotel Herzog Tassilo
D-94158 Landhotel Haus Waldeck
A-6382 Tirolerhaus-Chalet
I-39019 Hotel Mair am Ort

Hundesitting
Siehe Tiersitterservice

Hundestrand
siehe Ortsverzeichnis S. 162

Hundewanderungen
D-17237 Amy's Wohlfühlvilla
D-94158 Landhotel Haus Waldeck
A-6531 Hotel Riederhof

Hundewellness
D-17237 Amy's Wohlfühlvilla
D-24321 Ostseeferienhof

Katzentoilette / Kratzbaum
D-53902 Omas Eifelhaus
D-57629 Ferienwohnungen im Westerwald
D-94536 Gerdas Ferienhäuser
H-7228 Ferienhaus Waldhof
E-11150 Finca La Cabana
PL-76270 Appartaments Park

Messen
siehe S. 149-159

Pferdeunterkünfte
D-09395 Ferien- und Reiterhof Sittel
D-18356 Landhaus Martens
D-21385 Ferienpension Lindenhof
D-23743 Hotel Hof Krähenberg
D-24321 Ostseeferienhof
D-25725 Ferienhaus Marianne
D-25826 Appartements Wogemann
D-25885 Hotel Immenstedt Bahnhof
D-26629 Ferienwohnungen Djuren
D-33165 Haus Dewenter
D-38644 Frauenpension Arleta
D-48324 Landhotel Bartmann
D-49699 Landhaus Holthöge
D-57319 Pension Schmelzhütte

D-79341 Pennartz-Hof
D-91710 Reiterhof Altmühlsee
D-94513 Gasthaus Zehrermühle
D-97999 Ferien- und Reiterhof Trunk
D-98744 Haflinger Reiterhof Meura
A-6432 Ferienwohnungen Pienz
A-8861 Hüttenferien in der Steiermark
E-29740 Finca Huerta Tropical
I-39042 Schloss Campan
I-39058 Residence Bergerhof
I-53022 Fattoria Pieve a Salti
PL-36-608 Bieszczady-Karpaten

Restaurant / Frühstücksraum mit Hund
D-04416 Atlanta Hotel International
D-16831 Landhotel Lindengarten
D-17237 Amy's Wohlfühlvilla
D-18356 Landhaus Martens
D-18586 Hotel Hanseatic Rügen & Villen
D-26584 Pension Die Wilhelmine
D-26608 Ringhotel Köhlers Forsthaus
D-49716 Landhaus Hubertushof
D-56850 Hotel Gambrinus
D-59929 Enjoy-Hotel Brilon
D-79539 Stadthotel Lörrach
D-87561 Das Wirtshaus Landgasthof
D-91327 Hotel Krone
D-91781 Hotel Goldene Rose
D-93470 Schwarzeck Apartmenthotel
D-94158 Landhotel Haus Waldeck
D-98553 Pension Steinblick
D-98744 Reiterhof Meura
A-3861 Genießergasthof Kutscherklause
A-5700 Hotel Badhaus
A-6531 Hotel Riederhof
A-8542 Ferienhof Waltl
A-9020 Hotel Aragia
A-9962 Alpengasthof Pichler
A-9971 Matreier Tauernhaus
A-3807 Hotel Chalet du Lac
CH-4566 Romantik Hotel Sternen
CH-5723 Art & Hotel Garni
CH-8280 Gasthaus Bahnhof Hafen
CH-8898 Hotel Tannenboden
CZ-37701 Jagdhaus
CZ-34507 Pension Vseruby
PL-77100 Ulan Sport & SPA

Eigenes Rest. / Frühst.raum für Tierbesitzer
D-94513 Gasthaus / Pension Zehrermühle
A-9762 Hotel Moser

CH-3818 Parkhotel Schoenegg
I-39010 Gasthof Zur Sonne
I-39019 Hotel Mair am Ort
PL-34-113 Paszkowska Palac

Reitschule / Reitunterrricht
D-06223 Nordic Camp Grünbach
D-09395 Ferien- und Reiterhof Sittel
D-14547 Pension & Campingplatz

Gartenidylle
D-18356 Landhaus Martens
D-21385 Ferienpension Lindenhof
D-23743 Hotel Hof Krähenberg
D-24321 Ostseeferienhof
D-23743 Hotel Hof Krähenberg
D-26629 Ferienwohnungen Djuren
D-79341 Pennartz-Hof
D-91710 Reiterhof Altmühlsee
D-97999 Ferien-Reiter-Stutenmilchhof Trunk
D-98744 Reiterhof Meura
A-6432 Ferienwohnungen Pienz
A-8542 Ferienhof Waltl
E-11150 Finca La Cabana
E-29740 Finca Huerta Tropical
I-39042 Schloss Campan
I-39058 Residence Bergerhof
I-07031 Ferienhaus Castelsardo
CZ-34507 Pension Vseruby
H-8756 Nostalgie-Ferien-Bauernhof Czinki

Tagungen/Seminare möglich
D-02681 Hotel Am Lärchenberg
D-04416 Atlanta Hotel International
D-06484 ACRON Hotel Quedlinburg
D-06648 Hotel Eckartsberga
D-14827 Waldhotel Alte Hölle
D-16831 Landhotel Lindengarten
D-16837 Hotel Am Birkenhain
D-17094 Seehotel Heidehof
D-17192 Hotel Kleines Meer
D-18586 Hotel Hanseatic Rügen & Villen
D-25885 Hotel Immenstedt Bahnhof
D-38644 Frauenpension Arleta
D-38895 Schlossvilla Derenburg
D-49716 Landhaus Hubertushof
D-57647 Hotel zur Post
D-79098 Best Western Premier Hotel Victoria
D-94513 Gasthaus / Pension Zehrermühle
D-94513 Gasthaus / Pension Zehrermühle
D-97816 Hotel Franziskushöhe
A-3861 Genießergasthof Kutscherklause

A-8990 Gasthof Staud'nwirt
A-9762 Hotel Moser
CH-3775 Hotel Kreuz
CH-3983 Wellnesshotel Salina Maris
CH-4566 Romantik Hotel Sternen
CH-5723 Art & Hotel Garni
CH-8898 Hotel Tannenboden
CZ-37701 Das Jagdhaus
PL-27200 Hotel Europa
PL-31026 Hotel Ascot
PL-36002 Karczma przy Dworce
PL-51163 Hotel System Premium Wroclaw
PL-76270 Appartaments Park
PL-76270 Jantar
PL-76039 Hotel Atlantic
PL-77100 Ulan Sport & SPA
PL-84360 Rezydencija nad Jeziorem Lebsko

Tiersitterservice
D-06928 Glücksburger Heidehof
D-14827 Waldhotel Alte Hölle
D-17192 Hotel Kleines Meer
D-17237 Amy's Wohlfühlvilla
D-59929 Enjoy-Hotel Brilon
D-65307 Hotel Kaiserhof
D-94086 Hotel Herzog Tassilo
A-3861 Genießergasthof Kutscherklause
A-6531 Hotel Riederhof
A-9762 Hotel Moser
CH-3818 Parkhotel Schoenegg
E-46180 Casa Valle del Turia
I-39019 Hotel Mair am Ort
H-8646 Ferienhaus Patricia
PL-34-113 Paszkowska Palac

Wellness für Mensch und Hund
D-17237 Amy's Wohlfühlvilla
D-24321 Ostseeferienhof
D-94086 Hotel Herzog Tassilo
A-9762 Hotel Moser

Wellness
D-02681 Hotel am Lärchenberg
D-04416 Atlanta Hotel International
D-17192 Hotel Kleines Meer
D-18586 Hotel Hanseatic Rügen & Villen
D-23743 Hotel Hof Krähenberg
D-23948 Feriendorf "An der Ostsee"
D-25938 Sophienhof
D-26608 Ringhotel Köhlers Forsthaus
D-38895 Schlossvilla Derenburg
D-59929 Enjoy Hotel Brilon

D-79859 Wochners Hotel Sternen
D-82433 Jankas Hotel
D-82433 Gästehaus Michael
D-87534 Gästehaus Himmeleck
D-87629 Appartementhotel Seespitz
D-91710 Reiterhof Altmühlsee
D-91710 Parkhotel Altmühltal
D-93470 Schwarzeck Apartmenthotel
D-97816 Hotel Franziskushöhe
D-97999 Ferien-Reiter-Stutenmilchhof Trunk
D-98553 Pension Steinblick
A-3861 Genießergasthof Kutscherklause
A-5700 Hotel Badhaus
A-6372 Erlebnishotel Schmiedboden
A-6382 Tirolerhaus-Chalet
A-9601 Ferienwohnungen Robin
A-9762 Hotel Moser
A-9962 Alpengasthof Pichler
CH-3775 Hotel Kreuz
CH-3818 Parkhotel Schoenegg
CH-3906 Ferienwohnungen Aristella
CH-3906 Hotel Europa
CH-3983 Wellnesshotel Salina Maris
CH-8898 Hotel Tannenboden
E-03540 Hotel Sidi San Juan
E-46012 Hotel Sidi Saler
E-46180 Casa Valle del Turia
I-39039 Hotel Serena
I-39042 Berghotel Schlemmer
I-53022 Fattoria Pieve a Salti
PL-51163 Hotel System Premium Wroclaw
PL-76039 Hotel Atlantic
PL-76270 Jantar
PL-81829 Hotel Opera

Yoga
D-18356 Landhaus Martens
D-97999 Ferien-Reiter-Stutenmilchhof Trunk

Allgemeine Anzeigen

Karin Ute Reuter
Individuelle Tierportraits

Hanauer Strasse 113a
63755 Alzenau

0171 - 488 67 67
karin.reuter@lipado.com
www.lipado.com

www.hundewanderungen-bodensee.de
07771-649905